Brigitte Spangenberg

Märchen helfen Scheidungskindern

HERDER spektrum

Band 5313

Das Buch

Immer mehr Paare, die Kinder haben, trennen sich. Viele sachliche Fragen beschäftigen sie in dieser Zeit. Die Kinder finden wenig Unterstützung. Oft ist es für Eltern schwierig, ihre Kinder in persönlichen Gesprächen zu erreichen. Ihre eigenen starken Gefühle wie Traurigkeit und Wut füllen sie aus. Kinder haben in dieser Situation besondere Ängste und daher auch besondere Bedürfnisse. Häufig mögen sie nicht über sich und ihre Gefühle reden, es fehlen ihnen die Worte dazu. Märchen, deren Bilder auf ihre Situation eingehen, können sehr befreiend wirken, Ängste lösen, aber auch unrealistische Hoffnungen aufheben. Brigitte Spangenberg, die seit vielen Jahren Eltern und Kinder therapeutisch berät, weiß: Kinder brauchen Hilfen, wenn die Eltern sich trennen. „Vernünftige“ Worte erreichen Kinder selten. Die erfahrene Familientherapeutin hat die Wirkung ihrer Märchen in langjähriger Praxis erprobt. Das Buch enthält einen umfassenden Ratgeberteil für Eltern.

Die Autoren

Brigitte Spangenberg ist Klinische Psychologin und Psychotherapeutin. Sie arbeitet mit Familien in ihrer Praxis. Außerdem ist sie als vereidigte Sachverständige in Familienverfahren tätig.

Ernst Spangenberg ist Familienrichter a. D. mit therapeutischer Zusatzausbildung. Er ist leidenschaftlicher Geschichtenerzähler.

Beide sind seit etwa 10 Jahren gemeinsam als Familienmediatoren tätig. Sie unterrichten europaweit die Kunst, heilende Märchen zu erzählen.

Brigitte Spangenberg

Märchen helfen Scheidungskindern

Wie Kinder die Trennung ihrer Eltern besser akzeptieren

Unter Mitarbeit von Ernst Spangenberg

HERDER

FREIBURG · BASEL · WIEN

Gedruckt auf umweltfreundlichem,
chlorfrei gebleichtem Papier

www.herder.de
Satz: Dtp-Satzservice Peter Huber, Freiburg
Herstellung: fgb · freiburger graphische betriebe 2002
www.fgb.de
Umschlaggestaltung und Konzeption:
R·M·E München / Roland Eschlbeck, Liana Tuchel
Umschlagmotiv: © BRIMAX. Octopus Publishing Group
ISBN 3-451-05313-6

Für unsere Kinder
Anja, Heide, Ute und Felix

Inhalt

Wozu Scheidungsmärchen?

Etwa jede dritte Ehe wird geschieden. Nicht einmal jedes zweite Kind wächst in der Familie auf, in die es hineingeboren wurde. Sechs Prozent aller Kinder unter 15 Jahren leben bei einem allein erziehenden Elternteil.

Sobald sich Eltern trennen, spielt das Recht, besonders der Begriff des Kindeswohles, eine zentrale Rolle, weil die Elterntrennung dem Wohl des Kindes schadet. Deshalb ist es wichtig, sich bewusst zu machen, was zum Wohl eines Kindes gehört. In erster Linie sind es die Bindungen des Kindes an beide Eltern, die der sorgsamen Pflege bedürfen, aber auch die Bindungen an seine Geschwister, an Großeltern und weitere ihm nahe stehende Verwandte. Ob die Eltern ehelich oder nichtehelich sind, spielt dabei keine Rolle. Die nichteheliche Familie genießt denselben Menschenrechtsschutz wie die eheliche. Nichteheliche Väter sind inzwischen den ehelichen rechtlich weitgehend gleichgestellt. Der europäische Gerichtshof hat mehrfach betont, dass nichteheliche Väter dasselbe Recht auf Umgang mit ihren Kindern haben wie eheliche Väter. Auch Kinder nichtehelicher Eltern werden durch die Trennung der Eltern zu „Scheidungskindern“.

Zum Wohl eines Kindes gehört weiterhin der Erhalt des sozialen Umfeldes in Schule oder Kindergarten, in Jugendgruppe oder Verein. Mit zunehmendem Alter eines Kindes bestimmen Freundschaften und das Leben in der Gruppe der Gleichaltrigen sein Wohlergehen. Am besten hat es daher ein Scheidungskind, dessen Eltern bereit und in der Lage sind, weiterhin die Verantwortung gemeinsam zu tragen und die ihm das Beziehungsgeflecht und das soziale Umfeld erhalten. Wie schwierig es ist, seinem Kind trotz besten Willens die ideale Nachscheidungsfamilie zu erschaffen, zeigt der Alltag.

Der Prozess von Trennung/Scheidung ist erwachsenenzentriert: Er orientiert sich an dem Erwachsenenbedürfnis nach Klarheit und Endgültigkeit, nach Abschied und Neubeginn. Entsprechend fühlen sich die meisten Eltern durch Scheidung entlastet, wie eine Befragung in den USA ergeben hat. Die Scheidung verbessert ihre Gesamtsituation.

Kinder beurteilen ihr Leben vor der Trennung dagegen positiver und das Leben danach negativer als ihre Eltern. Die Trennung der Eltern ist für sie in erster Linie ein Verlust. Der äußeren Trennung der Eltern geht eine sich über einen längeren Zeitraum erstreckende in Schritten vollziehende innere Trennung voraus. Die Trennung der Eltern trifft die Kinder unvermittelt, weil sie keinen vergleichbaren Prozess durchlaufen haben. Ihnen fehlt die Einsicht in die Notwendigkeit der Trennung. Diese geht an ihren Wünschen vorbei.

Eine typische Reaktion von Kindern sind Aussöhnungsphantasien und Aktivitäten, in die sie viel unnötige Energie investieren. Andere Kinder reagieren auf die Trennung mit Ängsten: etwa, dass sie auch den Elternteil, mit dem sie im Alltag zusammenleben, verlieren könnten. Die Probleme von Scheidungskindern sind vielfältig. Sie reichen von Schlafstörungen bis zur Leistungsverweigerung in Kindergarten oder Schule und zur Ablehnung eines Elternteiles.

Noch immer wird die Meinung vertreten, eine Scheidung bedeute für Kinder nur eine geringfügige vorübergehende Umstellung des Lebens. Eine Langzeitstudie von Lewis-Wallerstein belegt dagegen, dass Kinder die Auswirkungen der Scheidung ihrer Eltern in den ersten drei Jahrzehnten ihres Lebens wieder und wieder durchspielen. Kinder haben erzählt, wie sie in den Jahren nach der Scheidung unter Einsamkeit und dem Verlust elterlicher Zuwendung gelitten haben, welche Anforderungen die Integration in eine neue Familie an sie gestellt hat oder welchen Schatten die Scheidung der Eltern bei der eigene Partnerwahl geworfen hat.

Wir haben uns Märchen als Werkzeug ausgewählt, um Scheidungskindern in ihren Nöten zu helfen. Sie haben besondere Qualitäten:

> Märchen öffnen das Tor zur Phantasie, zum bildhaften Denken, zum Staunen und zur eigenen Kreativität. Wo die logische Vernunft nichts mehr vermag, entfalten sie ihre Kraft. Kinderängsten und Sorgen kann man nicht dadurch begegnen, dass man den Kindern sagt, dass sie unbegründet sind. Man muss das Gefühl direkt ansprechen. Weil Märchen dies tun, können sie heilen.

> Die Kinderphantasie ist eine Märchenwelt, in der Sehnsüchte und Utopien erlaubt sind. Diese Welt ist Ergänzung und Alternative zur Wirklichkeit der Erwachsenen. Lebensentwürfe beginnen märchenhaft-träumerisch. Märchen sind Träger von Menschheitswissen. Kinder brauchen Märchen.

> Wegen dieser Wirkweise haben wir sie als Werkzeug gegen die Nöte von Scheidungskindern ausgewählt. Dabei verfolgen wir mehrere Ziele:

> Wie ein Spiegel erlauben die Märchen dem Kind, sich zu betrachten und Parallelen zwischen der eigenen Situation und den Begebenheiten der Geschichte zu entdecken. Das Kind wird sich bewusst, dass es mit seinen Bedürfnissen und Nöten nicht alleine ist und fühlt sich – vom Geist der Geschichte – verstanden.

Märchen erlauben es dem Kind, seine Situation unter einer neuen Perspektive zu betrachten. Kindern mit Versöhnungsphantasien wollen sie dazu verhelfen, statt an den nicht veränderbaren äußeren Bedingungen des Lebens zu rütteln, dieses durch eine veränderte Sicht annehmbar zu machen.

Märchen sind ein Beweis, dass keine Situation ausweglos ist. Sie machen Mut, wie es der „Held" der Geschichte tut, das Geschick in die eigenen Hände zu nehmen. Kinder, die überfordert sind oder sich allein gelassen fühlen, begegnen in unseren Märchen Helfern, die je nachdem weise, stark oder liebevoll sind.

Märchen bieten eine Lösung an, drängen sie aber nicht auf. Die Lösungsmetaphern sind so allgemein, dass sie genügend Raum für individuelle Ausgestaltung lassen. Sie sind eine Einladung, in eine heilsame Richtung weiterzuphantasieren.

Die Sinnensprache und die Bildhaftigkeit gewährleisten, dass die Geschichte in der Erinnerung haftet und dass die Botschaft nachwirkt.

Märchen sind keine Erziehung. Sie können daher nicht falsch sein und keinen Schaden anrichten. Schlimmstenfalls kann ein Kind mit einem Märchen nichts anfangen. Dann bleiben keine Spuren außer der Erinnerung an das angenehme Erlebnis des Vorlesens.

Märchen für Eltern? Im Scheidungsstress reagieren Eltern schnell emotional. Sie haben ihre Vorurteile wie die Mutter, die dem Vater jeden Kontakt mit dem Kind verweigert, weil sie den Vater als jähzornigen und gewalttätigen Ehemann erinnert und dem Kind ein Schicksal wie das ihre ersparen möchte. Dass ein und derselbe Mensch als Ehemann und als Vater unterschiedliche Qualitäten haben kann, ist dieser Mutter nicht bewusst. Eltern haben blinde Flecken. Der folgende

Satz ist ein Beispiel. „Sag nicht immer, es ist ‚nur' Papi, auch wenn es nur Papi ist."

Wenn Gefühle das Handeln bestimmen, ist mit Vernunft wenig auszurichten. Anderenfalls wären wohlmeinende Ratschläge von Freunden oder die professionelle Aufklärungsarbeit von Richtern, Rechtsanwältinnen, Gutachterinnen oder Jugendamtsmitarbeitern erfolgreicher. Die Erkenntnis, dass es um des Kindes willen besser wäre, nicht mehr der gescheiterten Partnerschaft nachzutrauern, beseitigt noch nicht das negative Gefühl. Auch wenn wir die Märchen in erster Linie für Kinder geschrieben haben, richten sie sich mittelbar auch an die Eltern. Eines können Märchen Eltern in jedem Fall vermitteln, ein vertieftes Verständnis, wenn sie die Sichtweise ihrer Kinder einnehmen.

Je mehr Eltern sich die Märchen zu eigen machen, umso besseren Zugang finden sie zu ihren Kindern und umso leichter fällt ihnen ihre Mittlerrolle. Im tiefen Inneren sind Eltern das geblieben, was ihre Söhne und Töchter jetzt sind. Kinder. Märchen beleben die Kindheit der Eltern und verbinden mit den eigenen Kindern.

1. TEIL
MÄRCHEN FÜR SCHEIDUNGSKINDER

Die zerbrochene Vase

Fathima, die wunderschöne Tochter des Sultans Achmet, war fünfzehn Jahre alt, als ihre ergraute Kinderfrau, die neben ihr auf dem rotsamtenen Diwan saß und feine Spitzen um ein Seidentaschentuch häkelte, ihr eine Geschichte erzählte, die sie nie vergessen sollte: denn es war eine geheimnisvolle Geschichte von unerfüllbaren Wünschen, von Ohnmacht und Hilflosigkeit und von der Weisheit, die darin besteht, Unerreichbares loszulassen. Kurz: Es war eine Geschichte über das Leben.

In alten, grauen Zeiten, lange bevor Achmet Sultan im Morgenland wurde, bekommen seine Vorfahren Mechmet und Leila zu ihrer Hochzeit eine wundervolle Vase geschenkt. Die Vase ist von auserlesener Schönheit. Über einem breiten, goldenen Fuß rankt sie sich leicht und schlank empor, formt zu beiden Seiten zwei geschwungene Henkel und schließt sich zuletzt in einem vollkommen Kreis um die kleine Öffnung. Beide Seiten der Vase sind mit Gold, Blau und Purpurrot bemalt, aber mit so unterschiedlichen Mustern, dass sie einander ähneln und doch grundverschieden sind. Mit der Vase ist ein Auftrag verbunden: Die Besitzer sollen sie jeden Morgen bei Sonnenaufgang auf den Felsen über dem Fluss stellen, damit sie sich am Tage mit dem Licht und der Wärme fülle und nachts das junge Paar mit ihrem Inhalt erfreuen könne. Einige Jahre führen Mechmet und Leila ein glückliches, licht- und wärmeerfülltes Leben, dem auch ein Kind entspringt: ihre Tochter Lucia. Dann, eines Abends, geraten Mechmet und Leila in Streit darüber, wer heute die Vase vom Felsen holen solle. Jeder von beiden behauptet, der andere sei dran, jeder behauptet, er habe recht und es sei die Schuld des anderen, wenn der Vase nachts etwas widerfahre. Wütend schlafen beide ein. Das zischende Geräusch eines grellen Blitzes und ein furchtbares Donnergrollen weckt sie mitten in der Nacht. Sie wissen beide, was das bedeutet. Als sie ins Dunkel hinaustasten und zu dem Felsen kommen, auf dem die Vase stand, liegt dort nur noch eine Hälfte. Der Blitz hat das edle Gefäß gespalten. Sosehr sie auch suchen, die andere Hälfte bleibt verschwunden, sie muss hinunter in den Fluss gefallen sein. Aber auch die Suche im Flussbett während der nächsten Tage und Wochen bleibt vergeblich. Leila weint bitterlich, und Mechmet schweigt mit zusammengepressten Lippen. Sie beginnen sich darüber zu streiten, was mit der übrigen Hälfte geschehen solle. Mechmet findet sie zu nichts mehr nutze und wirft sie eines Tages, als er sich von Leila unbeobachtet glaubt, weg, aber Leila hat es gesehen, sie holt die Vasenhälfte, die sie an Zeiten der Wärme und Liebe erinnert, heimlich zurück und versteckt sie in ihrer Truhe. Jahrelang spricht niemand mehr von der Vase. Mechmet beginnt ein neues Leben mit viel Arbeit, Leila ist oft still und traurig, und Lucia wächst heran.

Kurz vor Lucias siebtem Geburtstag fällt Leila ein, dass sie in der großen, alten Truhe ein wertvolles Goldstück aufbewahrt, und sie beschließt, ihrer Tochter davon etwas Besonders zum Geburtstag zu kaufen. Zum ersten Mal nach Jahren öffnet sie die Truhe und findet neben dem Goldstück die fast vergessene Vasenhälfte. Lucia hat der Mutter beim Suchen zugeschaut, beginnt nun zu fragen und erfährt die Geschichte der Vase. Da sie mutig und neugierig ist, läuft sie sogleich zum Fluss, zieht Schuhe und Strümpfe aus, watet ins seichte Wasser und spürt nach wenigen Schritten unter ihren Füßen etwas Hartes. Als sie es vorsichtig ausgräbt, ist es der andere Teil der Vase. Freudig erregt läuft sie damit zu ihrer Mutter. Beim Anblick der verloren geglaubten Hälfte durchläuft Leila ein warmer Schauer des Erinnerns. Geschäftig beginnt sie sie vom Sand und Schlick des Flusses zu befreien. Lucia spürt die hoffnungsfrohe Aufregung der Mutter. Schließlich hält Leila die beiden Hälften aneinander. Da erst sieht sie, wie verschieden sie voneinander geworden sind. Die Hälfte, die sieben Jahre im Wasser gelegen hat, zeigt nur noch blasse Blau-, Gold- und Purpurspuren, Kies und Sand haben die Bruchstellen abgeschliffen und manche Kerbe ins Porzellan geschlagen. Da wird Leila voll Trauer gewahr, dass die beiden Hälften nicht mehr zusammenpassen. Sie befiehlt ihrer Dienerin, unverzüglich beide Teile wegzuwerfen. Lucia folgt der Magd und überredet sie, ihr die Hälften, wie sie sagt, „zum Spielen" zu überlassen. In Wahrheit aber hat Lucia beschlossen, die zerbrochene Vase um jeden Preis wieder ganz zu machen. Freude und Traurigkeit ihrer Mutter haben ihr gezeigt, wie wichtig die Vase für Leila sein muss.

Weil Lucia ihre Mutter über alles liebt, versucht sie in den kommenden Wochen heimlich, Nacht für Nacht, die Vase zusammenzufügen: Jedoch was immer Lucia auch verwendet, um die beiden Teile wieder miteinander zu verbinden – Kleber, Kitt, Ton, ja sogar in Honig gelösten Muschelkalk –, am Morgen liegen sie wieder getrennt nebeneinander. Lucia, die sieht, wie ihre Mutter wieder in die alte Traurigkeit verfällt, gibt nicht auf. Sie schläft kaum noch, probiert nachts eine Klebstoffmischung nach der anderen aus und ist fest davon überzeugt, dass es einzig an ihrer Unfähigkeit liegt, dass die Vase nicht zusammenhält. Weil sie nachts arbeitet, schläft sie oft am Tag und spielt immer seltener mit ihren Freunden. Eines Tages weckt sie ihr Freund Gülhan um drei Uhr mittags und schimpft: „Mit dir ist ja gar nichts mehr anzufangen, du bist echt langweilig." Weil er Lucia gern mag, fügt er, mit beiden Händen in seine prallen Taschen greifend, hinzu: „Ich habe dir viele Haselnüsse und Walnüsse mitgebracht. In der letzten Nacht war ein großer Sturm. Ich habe gesehen, wie die Walnussbäume und die Haselnussbäume sich mächtig wehrten und ihre Kronen schüttelten, weil sie ihre Nüsschen nicht loslassen wollten, und ich habe gehört, wie der Sturm heulte: ‚Lass los, lass los, lass los.' Das war ein gewaltiger Kampf, und der Sturm hat gewonnen. Heute morgen lagen unendlich viele Nüsse unter den Bäumen, denn sie sind reif, und im nächsten Jahr können wieder neue wachsen. Gib mir zwei Schalen, liebe Lucia, damit ich die Haselnüsse in die eine und die Walnüsse in die andere legen kann." Während Lucia im Schrank vergeblich nach zwei Schalen sucht, hat Gülhan längst die beiden Hälften der Vase entdeckt und sie mit den Nüssen gefüllt. Als Lucia das sieht, will sie zuerst laut schimpfen, aber dann gefällt ihr die braune Pracht der Waldfrüchte in den kostbaren Gefäßen, und sie holt einen Nussknacker.

„Und wie ging das weiter?", wollte Fathima wissen, als ihre alte Kinderfrau die Geschichte beendet hatte. „Oh", sagte diese, „Lucia hat in ihrem Leben noch viele Schalen mit Früchten gefüllt, manche mit Brombeeren, andere mit Weintrauben, wieder andere mit Pilzen, mit Eicheln oder mit Sonnenblumenkernen."

Für die Eltern: Die zerbrochene Vase … oder Der Versuch eines Kindes, die Eltern zu versöhnen

Problemhintergrund

Franziska ist ein achtjähriges Mädchen, das sich verzweifelt bemüht, ihre schon seit längerer Zeit geschiedenen Eltern – der Vater ist wieder verheiratet und hat eine Tochter aus zweiter Ehe – zu versöhnen. Das Mädchen hatte im Umgangsrechtsstreit der Eltern bemerkt, dass die Mutter nach wie vor für den Vater Gefühle der Zuneigung hatte (siehe auch Seite 129ff.).

■ *Ziel*

Ziel der Geschichte ist es, das Kind von der selbst übernommenen Verantwortung für die Mutter und den daraus resultierenden krampfhaften Handlungen zu befreien, damit es sich wieder in seinem eigenen, erlebnisreichen Kinderdasein engagieren kann (siehe auch Seite 129ff.).

■ *Erzählweise*

Problemhintergrund, Ziel und Erzählweise des Märchens von der „zerbrochenen Vase" sind im Kapitel „Einblick in die Märchenwerkstatt" (Seite 129ff.) ausführlich beschrieben.

Der König, der auszog, den Drachen zu töten

Im Lande Gadir regiert ein König mit seiner Königin. Sie haben eine einzige Tochter, die sehr schön ist und überaus schlau. Sie heißt Prinzessin Honigmund.

Sie hat goldene Locken, die ihr bis auf die Schultern fallen und die genau zur Farbe ihres Krönchens passen. Prinzessin Honigmund liest mit Vergnügen jeden Tag ein spannendes Buch. Natürlich kann sie auch gut selbst Geschichten erfinden und erzählen, sie spielt Klavier und musiziert wunderschön auf der Geige; sie kann reiten und ist eine begeisterte Schwimmerin.

Alle Menschen im Königreich lieben die Prinzessin.

Das Leben im Königsschloss ist wohl geordnet: Der König regiert, und die Königin versorgt mit ihren Mägden den Hausstand. Morgens früh reitet der König auf einem schwarzen Rappen hinaus ins Königreich und kommt erst abends müde und hungrig zurück, wenn auch die Königin von ihren vielfältigen Verpflichtungen erschöpft ist. Am Abend streiten der König und die Königin oft darüber, wer von beiden am müdesten sei und wer am meisten und am sinnvollsten gearbeitet habe. Prinzessin Honigmund wird darüber immer ganz traurig. An solchen Tagen geht sie früh ins Bett.

Sie liebt ihre Mutter, mit der sie viel gemeinsame Zeit verbringt, und die für sie eine schöne Frau ist; und sie liebt ihren Vater, denn er ist stark, männlich und geheimnisvoll. Sie findet das Streiten blöd.

Eines Tages kommt früh am Morgen ein reitender Bote an den Königshof galoppiert und ruft: „Herr König, Herr König, Ihr müsst sofort mit eurem großen Schwert kommen!

An der Grenze des Königreiches wütet ein riesiger, Feuer speiender Drache, den könnt nur Ihr töten und damit uns allen das Leben retten!" Der König sattelt sein Pferd, gürtet sich das Riesenschwert um und verlässt eilends das Schloss.

Die Königin ist anfangs erleichtert, dass sie nicht mehr so viel waschen und kochen muss und dass nun die Abende ruhig und nicht mehr so voll Streit sind. Prinzessin Honigmund ist traurig, denn sie vermisst den König.

Als der König nach einem Monat immer noch nicht zurückgekehrt ist und auch niemand etwas von ihm gehört hat, fühlt sich die Königin nicht mehr wohl. Prinzessin Honigmund wird immer trauriger, und jeder am Hofe macht sich so seine Gedanken.

Eines Morgens, als die Königin hinter ihrem Webstuhl sitzt und beim Weben eines roten Fadens an ihren Mann denken muss, der nun vielleicht den Drachen getötet hat, kommt ihr Kammermädchen herbei, setzt sich zu ihr und plappert: „Frau Königin, wenn ich mich so erinnere, dann fällt mir ein, dass der Herr König doch ein sonderbarer Mann war; ich konnte ihm die Socken noch so schön paarweise hinlegen und ordnen – er trug meist einen roten und einen blauen zugleich. Und die Hemden! Ich hatte sie immer fein gebügelt, aber er verzählte sich jedes Mal beim Zuknöpfen und sah auch im feinsten, gebügeltsten Hemd noch schlampig aus." Kurz nachdem die Kammerfrau weggegangen ist, kommt der Stallknecht, sieht die Königin so traurig dasitzen und sagt: „Ach, Frau Königin, der Herr König war eigentlich ein schlechter Reiter. Beim Aufsteigen musste ich ihm immer in den Sattel helfen, und beim Absteigen verstauchte er sich meist den Knöchel. Ich habe ihm ja deshalb immer nur den zahmsten, lahmsten Gaul gegeben." Als nun der Stallknecht gegangen ist, kommt der Gärtner und erzählt der Königin: „Frau Königin, Ihr ehrenwerter Gemahl hat nicht einmal Sonnenblumen von Radieschen unterscheiden können."

Prinzessin Honigmund, die neben der Königin beim Webstuhl sitzt, hört diesen Berichten schweigend und neugierig zu. Anfangs kann sie gar nicht glauben, dass es bei diesen Reden um ihren geliebten Vater geht, den sie ganz anders in Erinnerung hat, aber als sie sieht, dass es ihrer Mutter immer besser geht, je mehr Schlechtes man über ihren Mann sagt, und dass sie dann lächelt und der Prinzessin zuzwinkert, beginnt sie ihren Vater plötzlich in einem neuen Licht zu sehen. Eines Tages tritt sie selbst an den Webstuhl ihrer Mutter und sagt: „Liebe Mutter, mein Vater der König, war ein grausamer und unbedachter Mann. Als er mich in meinem Kinderzimmer besuchte, trat er rückwärts auf meine Lieblingspuppe Anna und zertrat ihr den rechten Arm." Darauf schließt die Königin ihr Kind in die Arme, beide weinen bitterlich und sehr, sehr lange zusammen.

Drei Tage später kommt ein eilender Bote zu Hofe geritten und meldet der Frau Königin, ihr Mann habe den Feuer speienden Drachen bezwungen und werde unverzüglich zu ihr und der Prinzessin zurückkommen.

Was tut da die Königin, was tut die Prinzessin, was tut der ganze Hofstaat?

Das Kind, dem ich die Geschichte erzählte, antwortete darauf: „Die lassen den [Herrn König] nicht rein, das haben die verabredet, der ist doch böse."

Für die Eltern: Der König, der auszog ... oder Die Mutter als Vorbild

Problemhintergrund

Karin war sechs Jahre alt, als ihre Eltern sich trennten. Sie blieb bei der Mutter. Jetzt ist sie acht und hat ihren Vater seit fast zwei Jahren nicht mehr gesehen. Der Vater fordert gerichtlich Umgang. Karin sagt dem Jugendamt, dem Richter und mir gegenüber nachdrücklich, sie wolle ihren Vater nie mehr sehen. Die Mutter beruft sich auf die Worte des Kindes und beantragt Aussetzen des Umgangs auf unbestimmte Zeit. Sie berichtet, Karin habe vor der Trennung ein herzliches Verhältnis zum Vater gehabt, sie könne sich den Sinneswandel ihrer Tochter nicht erklären, aber sie könne Karin auch nicht zum Umgang mit dem Vater zwingen. In unseren Gesprächen stellt sich heraus, dass die Mutter, um sich von ihrem Mann zu lösen, nur noch seine Fehler und Schwächen beachtet. Die Tochter bemerkt, dass es der Mutter gut tut, den Mann als Versager zu sehen, und weil das Kind die Mutter liebt, schließt es sich dieser Sichtweise an. Karin verdrängt jede gute und schöne Erinnerung an den Vater. Das ist für ein kleines Mädchen, das bei der Mutter lebt und sich mit ihr identifiziert, normal.

Ziel

Ziel des Märchens, das ich Mutter und Tochter gemeinsam erzähle, ist es, auf einer tiefen Bewusstseinsebene Verständnis dafür zu wecken, was geschehen ist, bevor Karin sich gänzlich vom Vater abwandte.

■ *Erzählweise*

Schlüsselfigur im bestehenden Problem ist die Mutter. Das Kind hat keine Gelegenheit, sein Verhalten zu verändern, solange ihr Vorbild, die Mutter, ihre Einstellung beibehält. Karin braucht die Erlaubnis der Mutter, um die eigenen Gefühle zum Vater aus der Zeit des Zusammenlebens auszudrücken. Deshalb kann das Märchen der Mutter als Spiegel dienen, in dem sie ihr eigenes Verhalten während der Trennungsphase sieht. So kann sie lernen, mehr als nur die Negativseiten ihres Mannes wahrzunehmen.

Weil das Märchen nahe am bewussten Erleben des Kindes angesiedelt ist, antwortet Karin auf meine Fragen „Was tut die Frau Königin, was tut die Prinzessin, was tut der ganze Hofstaat?“: „Die lassen den Herrn König nicht rein, das haben die verabredet, der ist doch böse.“ Diese Antwort erzeugt bei der Mutter ein Aha-Erlebnis. Sie beginnt, den Umgang der Tochter mit dem Vater zu fördern und ermöglicht damit eine neue Vater-Tochter-Beziehung.

Der Hase Hops, der Frosch Quak und der weise alte Mond

Es war einmal ein kleiner Hase, der hieß Hops. Hops hatte ein riesengroßes Problem. Er war ein besonders schöner Hase: Er hatte wunderbar lange Ohren, die innen ganz samtweich waren, und einen schönen, großen, runden Bommelschwanz. Hops war schlau, und er konnte viel schneller Haken schlagen als die meisten seiner Hasenfreunde.

Ja, und da sind wir schon bei seinem großen Problem. Ihr wisst, alle Hasen haben Angst, Angst vor dem Fuchs, Angst vor dem Hund, Angst vor dem Jäger; deshalb schlagen sie Haken. Sie laufen geradeaus, und dann, ganz plötzlich, springen sie um die Ecke und dann noch einmal um die Ecke, und dann sitzen sie im fetten Kleebeet und freuen sich, dass sie leben. Alle Angsthasen schlagen Haken, um sich weiter an ihrem Leben freuen zu können.

Unser Hase Hops hatte das Hakenschlagen von seinem Hasenpapa und seiner Hasenmama gelernt. Der Hasenpapa hatte in seinem Leben so manchen großen Haken geschlagen. Einmal, als ihn viele Hunde zugleich hetzten, war er sogar so viele Male hintereinander um die Ecke gehüpft, dass er selbst am Schluss nicht mehr wusste, wo er war.

Auch die Hasenmama war im „Häkeln“ sehr geübt. Sie machte das elegant und leise, so dass ihre Verfolger oft glaubten, sie habe sich in Luft aufgelöst oder sie hätten sich in Wahrheit geirrt und gar keinen Hasen gesehen.

Der Hase Hops lernte alle diese Kunststücke von seinen Eltern, denn er sah, dass es sehr sinnvoll war, seine Verfolger zu täuschen, um saftigen Klee und zarte Möhrchen in Ruhe zu genießen.

Wenn der Hase Hops sehr schöne Haken schlug, lobten ihn seine Eltern, und er hatte das Gefühl, dass sie ihn dann besonders liebten. Dann fühlte er sich sicher und geborgen, und der Klee schmeckte ihm doppelt so gut. So ging das Hasenleben alle Tage geruhsam weiter, bis eines Tages ... tja, da geschieht Folgendes:

Durch das Kleefeld kommen zwei grüngekleidete Männer mit einem großen Netz. Sie sind so leise, dass die Hasenfamilie sie erst bemerkt, als die Männer in Grün sie schon in ihrem Netzt gefangen haben. Die Männer bringen Vater Hase, Mutter Hase und den kleinen Hops in den Kindertierpark der Nachbarstadt. Nachdem die Hasen ihren Schrecken überwunden haben, sehen sie sich um und bemerken, dass ihr neues Zuhause wunderschön ist: saftiger Klee, fette Möhren, klares Wasser und: keine Feinde weit und breit!

Vater Hase und Mutter Hase verstehen schnell, dass das Hakenschlagen von nun an nutzlos ist. Beide zeigen sich in altem Stolz noch einmal wechselweise, was ein ordentlicher Haken ist und beschließen dann, nur noch geradeaus zu laufen.

Der kleine Hase Hops versteht die Welt nicht mehr. Plötzlich schimpfen seine Eltern, wenn er Haken schlägt, und sagen, er müsse sich das abgewöhnen. Sie selbst haben fast schon vergessen, dass sie einmal Meister im Hakenschlagen waren.

Der kleine Hase Hops aber gibt sich große Mühe, noch schnellere und noch elegantere und noch raffiniertere Haken zu schlagen. Er hofft, dass ihn seine Eltern dann wieder so lieb haben würden wie früher – aber alles ist vergebens.

Schon fangen die anderen erwachsenen Hasen im Tierpark an, mit der Pfote auf Hops zu zeigen und zu sagen: „Geh uns aus den Augen mit deiner blöden Hakenschlagerei, das wollen wir nicht mehr sehen!" Auch die Haseneltern machen Hops unmissverständlich klar, dass es ihnen peinlich ist, wenn er sich weiter als Angsthase zeigt und diese Haken schlägt. Hops ist verzweifelt.

Als er in der Nacht einmal alleine am Rande des riesigen Kleefeldes sitzt, weint er große, warme Hasentränen und schluchzt laut. Da hört er auf einmal neben sich ein feines, hohes Stimmchen, das in hellem Ton „Hallo, Hops!“ zu ihm sagt; es ist die Grille. „Du hast ja schrecklich großen Kummer“, sagt sie, „soll ich dir eine Geschichte erzählen und dir den Kummer vertreiben?“

„Ja“, sagt Hops weinend und schluchzt nochmals laut.

Die Grille erzählt: „Es war einmal ein grüner Frosch mit dicken, roten Punkten auf dem Rücken. Er hatte immer Angst, es habe ihn niemand lieb, weil er so hässlich quakte und so nass und glitschig war.

Weil er hoffte, die Tiere hätten ihn dann lieber, erzählte er allen die phantastischsten Geschichten. Einmal erzählte er, er sei ein grünes Krokodil und könne schrecklich beißen. Er erzählte auch, dass er im Wald fünfzig rosa Elefanten gesehen habe, und er erzählte, dass die kleine schwarze Katze das Erdbeereis gegessen habe, obwohl er es selbst noch kalt im Bauch spürte. Anfangs glaubten ihm die Tiere seine Geschichten und fanden ihn ganz toll. Da meinte er, sie hätten ihn lieb. Langsam begann er aber zu merken, dass einige Tiere über ihn lachten, andere ihn einfach nicht mehr ernst nahmen und wieder andere ihm aus dem Weg gingen.

Da wurde der Frosch mit den prächtigen roten Punkten auf dem Rücken sehr traurig und quakte eines Nachts weinend dem Vollmond sein Leid. Als der gute alte Mond das hörte, rief er heimlich alle Tiere zusammen und flüsterte jedem von ihnen etwas ins Ohr. Daraufhin liefen die Tiere ganz geschäftig fünf Minuten lang hin und her. Dann trafen sie sich wieder. Jeder hatte sein Festkleid angezogen, und jeder hielt eine Fackel in der Hand. Mit ernsten Mienen gingen sie zum Frosch.

Schweigend hoben sie ihn sanft auf ein Seerosenblatt und trugen ihn behutsam in die Mitte der Nachtwiese, deren Blumen in ihrem Schlaf betörend dufteten.

Alle Tiere stellten sich nun im Kreis um den kleinen Frosch und begannen im Chor das Lied zu singen, das der weise Mond ihnen flüsternd beigebracht hatte. Das Lied ging so:

‚Ich hab' dich lieb, so wie du bist,
Mit deinem prachtvollen Gequake.

Ich hab' dich lieb, so wie du bist,
Mit deiner grünen Farbe.

Ich hab' dich lieb, so wie du bist,
Mit deinen grellen, roten Punkten.

Ich hab' dich lieb, so wie du bist,
Mit deiner nassen Glitschehaut.

Ich hab' dich lieb, so wie du bist,
Weil's dich nur einmal auf der Welt gibt.

Ich hab' dich lieb ...'

Dieses Lied hatte unendlich viele Strophen, und während die Tiere sangen, hatten sie den Rand des Seerosenblattes, auf das sie den kleinen Frosch gesetzt hatten, etwas angehoben und begannen, den Frosch zu wiegen.

Da schlief er glücklich und friedlich ein und hatte einen wunderschönen Traum. Und der ging so: ... aber das erzähle ich dir ein anderes Mal."

Für die Eltern: Der Hase Hops ... oder Wenn Kinder lügen, um zu gefallen

Problemhintergrund

Peter ist acht Jahre alt, als seine Eltern sich trennen. Er bleibt bei der Mutter, die mit ihm zurück in ihr Elternhaus zieht. Den Vater und die väterliche Familie sieht er regelmäßig. Zwischen den Eltern und deren Familien entsteht ein heftiger, lang andauernder Streit um Geld und Geldeswert. Beide Seiten versuchen möglichst viel herauszuschlagen, wobei sie tricksen, mauscheln, schwindeln und verschweigen, ja – sich sogar wechselweise bestehlen. Peter hört bei Mutter und Vater gleichermaßen die freudige Genugtuung der Erwachsenen bei jedem noch so kleinen Gewinn. In dieser Situation beginnt Peter, Mutter und Vater, Großeltern, Verwandte und die Freunde der Eltern zu belügen. Er schafft damit nicht nur Verwirrung, Ärger und Streit, sondern zieht auch die Aggressionen von Mutter und Vater auf sich und leidet darunter. Kinder im Scheidungstrauma verstricken sich häufig in Lügen, um es allen recht zu machen. Ursache für die kindliche Verhaltensstörung ist in Peters Fall sowohl der Loyalitätskonflikt des Kindes als auch die Nachahmung des Verhaltens beider Eltern.

Ziel

Ich erzähle das Märchen beiden Eltern und dem Kind gemeinsam. Mein Ziel ist es, den Eltern klarzumachen, dass ihr Sohn nicht böswillig lügt, sondern als braves Kind sie nur nachahmt. Schließlich hat Peter Tricksen, Schwindeln und ähnliche Verhaltensweisen als sinnvoll erlebt. Wenn die Eltern die Botschaft des Märchens begreifen, können sie aufhören, Peter zu strafen und ihn lieb haben.

■ *Erzählweise*

Um dem Bewusstsein meiner Zuhörer die Möglichkeit zu nehmen, den Sinn des Märchens allzu leicht zu durchschauen, führe ich den Frosch als zweite Hauptfigur ein. Ich erzähle eine Geschichte in der Geschichte. Als Helfer fungiert der Mond. Ich gebe ihm die Fähigkeit, die ich Peters Eltern wünsche, um Peter zu einer Lösung seiner Probleme zu führen.

Als ich das Märchen zu Ende erzählt hatte, wiederholte der Junge in monotonem Singsang: „Ich hab' dich lieb, so wie du bist" und weinte dabei. Beide Eltern waren gerührt.

Der Eskimo

Rechts von Afrika liegt die Insel Mauritius und rechts von Mauritius die Insel Moro. Moro ist so klein, dass es auf keiner Landkarte verzeichnet ist. Wie ein Hottentotte oder wie ein Indianer aussieht, weiß alle Welt. Einen Moroi hat noch niemand gesehen. Morois haben eine Haut wie Milchkaffee. Sie können fast so schnell laufen wie die schwarzen Schweine, die auf Moro zu Hause sind, und sehen den Hottentotten gar nicht ähnlich, den Indianern ein wenig. Moro ist eine Urwaldinsel, auf der Palmen, Mango- und Avokadobäume, Apfelsinen, Zitronen und Bananen wachsen. Auf den Bäumen leben Affen, Papageien und Kolibris. Da die Bäume sehr hoch sind und die besten Früchte in den Baumwipfeln wachsen, dort wo kein Mensch hinlangt, haben die Morois ihre Affen dressiert. Die Affen auf Moro sind die geschicktesten Obstpflücker der Welt.

Ein Gürtel von Korallenriffen schützt die Insel vor der Gewalt des Meeres. Hier brechen sich die hoch daherrollenden Wogen. Im Inneren des Riffs herrscht der Frieden der Lagune, sanftes klares Wasser über weißem Sand, indem sich Himmel und Wolken spiegeln. Manches Schiff, das sich von der Schönheit der Insel verlockt, einen Weg zum Strand zu bahnen versuchte, ist an den scharfen Kanten des Riffs zerschellt. Seit alters her sind die „Riffs von Moro“ auf jeder Seekarte verzeichnet. Kaum einen Seestrich fürchten die Seeleute wie diesen.

Früher sah man von der Insel aus gelegentlich einen Segler am Horizont vorübergleiten, dann waren es Dampfer. Jetzt sind es Kreuzfahrer oder Tanker. Flugzeuge ziehen über

Moro ihre Bahn. Auf der Insel ist das Leben unverändert. Seit Menschengedenken ist kein Fremder mehr hier gestrandet.

Eines Tages erscheint am Horizont ein weißes Segel, hält direkt auf die Insel zu, hüpft zum Erstaunen der Morois auf einer Welle über die Korallenriffe und stellt sich bei der Landung als ein Floß aus dicht geflochtenem Bambus heraus. An Bord befindet sich ein weißhäutiger Mann mit hellblondem Haar, ein „Eskimo“, wie ein alter Moroi zu erkennen glaubt, samt seinen geheimnisvollen Kisten. Freudig wird der Fremde umringt. Er heißt Thor. Als Matrose eines norwegischen Frachters hat er vor Jahren Moro für wenige Augenblicke in der Abendsonne aus dem Meer auftauchen und dann am Horizont verschwimmen sehen. Seitdem träumt er von dem „Inselparadies“. Jetzt ist er am Ziel seiner Träume.

Zu Thors Ehren geben die Morois ein Fest, bei dem sie ein ganzes schwarzes Schwein verzehren. Zu Ehren der Morois gibt Thor ein Fest, bei dem 200 Konservendosen Gulasch und 100 Dosen Mais geleert werden. Das größte Fest aber ist das Dritte, bei dem Thor den „Tanz vom Garten Eden“ und die Morois das „Walfängerlied“ erlernen. Damit ist Thor ein Freund der Morois, die Morois sind Freunde Thors. Am häufigsten ist Thor mit den Kindern zusammen. Diese begegnen ihm unbefangen und zutraulich, als gehörte Thor seit eh und je zu den Morois. Sie befühlen seine helle Haut, waschen und wischen darauf herum, in der Erwartung, die helle Farbe sei Schmutz, unter dem sich die natürliche milchkaffeefarbene Haut verbirgt. Wenn Thor gut gelaunt ist, dürfen die Kinder ihm drei seiner goldenen Haare ausreißen und als Beute mit nach Hause nehmen. Der Ausdauerndste der Schar ist Taki, der Sohn des Medizinmannes. Er bleibt bei Thor, wenn die anderen sich wieder ihren Spielen zugewandt haben. Dann öffnet Thor seine große Seefahrerkiste, entrollt die Seekarte, erläutert die Route von Norwegen nach Moro und zeigt Taki sein Fernrohr, seinen Kompass, seine Harpune und seine lange Flinte. Beim nächsten Besuch schenkt Taki Thor einen jungen Affen. Er erklärt, wie man auf Moro einen Affen dressiert, damit er die Frucht pflückt, die man ihm bezeichnet, sie behutsam verwahrt und seinem Herrn überreicht. Als Dank schenkt Thor Taki ein Fahrtenmesser und unterweist ihn im Gebrauch.

Für Thor beginnt der Alltag auf Moro. Er tauscht einige seiner Schätze gegen einen Einbaum, einen Speer und eine Harke ein und pflanzt Yamwurzeln und Süßkartoffeln. Mit den Männern der Insel geht er zur Jagd und auf Fischfang. Trotz der drei großen Feste, die Thor mit den Morois gefeiert hat, behandeln ihn die Erwachsenen mit Scheu. Morgens, wenn er sein Rasiermesser schleift, sich den Bart seift und rasiert, beobachten sie ihn aus sicherer Entfernung. Einmal, als er vom Fischen nach Hause kommt, sieht er, wie sich einige an seiner Seemannstruhe zu schaffen machen. Als er hinzutritt, weichen sie schweigend zurück. Ein anderes Mal findet Thor Kratzspuren am Schloss seiner Truhe. Thor wird misstrauisch. Das anfangs so herzliche Verhältnis kühlt ab. Zu dieser Zeit passiert ein Unglück. Da es Thor noch nie gelungen ist, ein schwarzes Schwein mit der Hand zu fangen, belächeln ihn die anderen Jäger mitleidig. In seiner Ehre gekränkt beschließt Thor, den Morois seine Überlegenheit zu beweisen. Heimlich hebt er eine Fallgrube aus und bedeckt sie mit einer dünnen Schicht Laub, um bei der nächsten Jagd „sein Schwein“ in die Grube zu treiben. Der Zufall will es, dass statt eines schwarzen Schweines der Medizinmann in die Grube stürzt und sich den Fuß verrenkt. Schon vorher hat sich der Medizinmann über den Fremden geärgert. Eifersüchtig hat er sein wachsendes Ansehen verfolgt. Immer öfter hat man diesen nach den Sternen, dem Wetter und der Seefahrt gefragt, immer seltener ihn selbst. Einmal hat man sogar ein krankes Kind zu Thor gebracht und ihn, den Medizinmann, in seiner Berufsehre gekränkt, wie es schlimmer nicht geht. Die Freundschaft zwischen dem Fremden und seinem Sohn Taki verfolgt er voll Misstrauen. War das Verhältnis der beiden Männer seither gespannt, nach dem Unfall wandeln sich die Gefühle des Medizinmannes in Hass. Er streut das Gerücht aus, der Eskimo habe nicht nur weiße Haut, sondern auch weißes giftiges Blut. Er wolle die Morois vergiften. Man solle auf seinen bösen Blick achten. Ob sich niemand mehr daran erinnere, wie die halbe Inselbevölkerung beim zweiten Fest nach dem Genuss der Dosenspeisen krank gewesen sei? Andere Gerüchte verbreiten sich. Der Eskimo habe dem Medizinmann nach dem Leben getrachtet, um an seine Stelle zu treten. Außerdem wolle er die Kinder entführen, deshalb habe er sich in ihr Vertrauen eingeschlichen. Von heute auf morgen laufen die Kinder schreiend davon, wenn Thor sich ihnen nähert: „Wer hat Angst vorm weißen Mann? Niemand!“ Einige Unternehmungen Thors wie die Dressur des Affen schlagen fehl. Statt die gepflückten Früchte weisungsgemäß bei seinem Herrn abzuliefern, bewirft ihn der Affe zur Schadenfreude der Zuschauer damit. Bei Thors Versuch, die Seetüchtigkeit seines Floßes zu erproben, muss er feststellen, dass der Wind wochenlang unverändert von Norden nach Süden bläst. „Ich werde nie mehr in meine Heimat zurücksegeln können“, denkt er und starrt traurig vor sich hin. „Seht den bösen Blick, er brütet Unheil“, sagen die Morois, die Thor nicht mehr aus den Augen lassen. Am selben Tag fliegen die ersten Steine. Von nun an hat Thor seine Flinte immer in Griffweite. Die Morois wagen es nur noch, mit Knütteln bewaffnet zu zweit oder dritt zur Jagd in den Urwald zu gehen. Das Gespenst der Angst ist allgegenwärtig.

Der Einzige, der die Angst vor Thor nicht teilt, der Einzige, der den allgemeinen Verdächtigungen nicht glaubt, ist Taki. Um kein Misstrauen zu erregen und den Vater nicht unnötig gegen sich aufzubringen, stimmt Taki in die Hass- und

Angstreden der anderen ein. Heimlich schleicht er sich nachts zu Thor, berichtet von der Stimmung unter den Morois und warnt den Freund vor Anschlägen. Eines Nachts überfallen Thor drei mit Knütteln bewaffnete vermummte Gestalten. Trotz verzweifelter Gegenwehr wird Thor verletzt. Durch den Lärm alarmiert, eilt Taki herbei und findet den Freund aus mehreren Wunden blutend. Auf Takis Hilferufe eilen die Morois zusammen. Ängstlich starren sie auf den Verwundeten. Dabei müssen sie erkennen, dass Thor dasselbe rote Blut hat wie sie selber. Thor stöhnt vor Schmerzen. Mitleid regt sich. Der Anblick des roten Blutes macht die Köpfe klar. „Wie konnten wir glauben, dass jemand, der unsere Kinder so liebt wie dieser Eskimo, sie aus ihrer Heimat entführen will. Wieso haben wir uns eingebildet, dass ein Eskimo, der so gastlich und freudig mit uns feiert, uns vergiften will? Ein Kopfschütteln geht unter den Morois um. Der Medizinmann wird geholt. „Das ist meine Stunde", denkt dieser." Wenn es mir gelingt, den Fremden zu retten, wird niemand sich noch erinnern, dass ich es war, der das Gerücht vom weißen Blut des Fremden in die Welt gesetzt hat. Mein Ansehen ist wieder hergestellt." Mit kundiger Hand verbindet der Medizinmann die Wunden. Binnen weniger Tage heilen Thors Wunden. Alle atmen auf. Die Zuneigung, die Thor und die Morois während der drei Festtage für einander gespürt haben, wird mit zunehmender Genesung wieder lebendig. Da Thor im Medizinmann seinen Lebensretter erkennt, dankt er ihm, indem er ihm seinen Kompass schenkt. Mit diesem Geschenk beginnt eine Freundschaft zu wachsen, die lange dauern sollte.

Für die Eltern: Der Eskimo ... oder Angst ist ein schlechter Ratgeber

Problemhintergrund

Bernd ist neun Jahre alt. Seine Mutter ist Deutsche, sein Vater dunkelhäutiger Ausländer. Nach der Trennung der Eheleute entzieht die Mutter dem Vater den Sohn und begründet ihr Verhalten mit Angst vor Entführung. Der Vater reagiert abwechselnd aggressiv und depressiv. Das steigert die Angst der Mutter. Sie versteckt und bewacht den Sohn. Zugleich betreibt sie die Ausweisung des Vaters.

Ziel

In gemischt-nationalen Familien bleibt auch noch nach Jahren der Gemeinsamkeit ein Rest von Fremdheit zwischen den Eltern bestehen. Das ist etwas Natürliches. Das Märchen will zeigen, wie leicht irrationale Ängste in solchen Familien aufkommen, wie Menschen in Angst den Verstand verlieren und wie folgenschwer aus Angst geborene Entschlüsse sind. Wichtig ist deshalb die Gewissheit, dass auf Elterngefühle quer durch die Menschheit Verlass ist. Sein wahres Gesicht zeigt der Mensch nicht im Stress, sondern in guten Zeiten, an die es anzuknüpfen gilt.

Das Märchen will Kindern Mut machen, dem eigenen Gefühl zu folgen. Kinder haben das Recht, den Gehorsam dort zu verweigern, wo ihnen ein Elternteil die Beziehung zum anderen Elternteil verweigert.

■ *Erzählweise*

Das Märchen drückt intensive Gefühle durch Farben aus, die helle und die dunkle Haut, das weiße und das rote Blut. Dies geschieht, weil die Anschauung von Bildern eine Hilfe ist, um sich vom Fühlen zu befreien oder wenigstens die Gefühle unter Kontrolle zu bekommen. Das rote Blut steht für die Gemeinsamkeiten. Menschen, die sich das Zusammenleben erleichtern, pflegen und mehren das Gemeinsame. Das weiße Blut ist das Bild für alles Trennende.

Wir sind es gewohnt, unsere, „hellhäutige" Anschauung der Dinge für die Normale zu halten. Es erweitert unseren Fokus, wenn wir uns vor Augen führen, dass unsere Denkungsart die Ausnahme, die „dunkelhäutige" Weltanschauung dagegen die Regel ist bzw. dass der andere Elternteil im Recht, wir aber im Unrecht sein könnten.

Tom auf großer Fahrt

Tom ist ein begeisterter Pfadfinder. Eines Tages geht er mit seiner Gruppe auf große Fahrt. Es soll eine Schiffsreise werden, eine Reise in das Land, in dem es die leckersten Spaghetti gibt und in dem es wundervoll nach Zimt duftet. Tom ist pünktlich am Hafen – sein Rucksack ist entsetzlich schwer, und die Füße tun ihm weh. „Nur schnell auf das Schiff und die Füße ausruhen", denkt er. Kurz nachdem er ein weiches, warmes Bett in einer Doppelkajüte gefunden hat, tutet das Schiff laut und legt vom Hafen ab. Tom schläft ermattet ein. Als er wach wird, an Deck des Schiffes geht und sich umsieht, stellt er fest, dass er von den Mitreisenden niemanden kennt. Das verwirrt ihn, schließlich ist er ja mit seiner Pfadfindergruppe losgezogen. Im selben Augenblick aber streicht ihm ein verführerischer Duft von gebratenen Zwiebeln mit Speck um die Nase. Er lässt sich von dem Geruch leiten und landet in der Schiffskombüse beim Koch. „Aha", sagt dieser, „du bist wie ich, ein Feinschmecker, wir beide können uns gut riechen." Tom sitzt an diesem Tag lange mit dem sympathischen Koch in der Kombüse.

Auf seinem Weg zurück über das nächtlich dunkle Schiffsdeck in seine Kajüte kommt ihm wieder die Frage: „Wo sind meine vertrauten Kameraden?" Und er denkt: „Ich habe noch kein einziges Pfadfinderhemd an Bord gesehen." Auch den Jungen, der mit ihm die Kajüte teilt, kennt er nicht. Weil der aber wunderschön Mundharmonika spielt, schläft Tom darüber ein und vergisst seine Zweifel. Am nächsten Tag an Deck, als er sich gerade aufmachen will, seine Lage zu klären, tritt ein alter Herr mit Bart auf ihn zu, der sich offenbar langweilt. Er erzählt Tom stundenlang von seinen Reisen in ferne Länder und von den Abenteuern, die er erlebt hat. Als es schließlich dunkel wird und Tom zurück zur Kajüte geht, denkt er: „Ich weiß immer noch nicht, wo meine Freunde sind und wo dieses Schiff hinfährt, ich werde meinen Zimmergenossen fragen." Aber der schläft schon. Tom liegt lange wach. Er ist traurig und hat zugleich Angst. Als die Sonne am nächsten Tag scheint und ihn an Deck ein Junge zum Ballspielen einlädt, sagt er „ja" und verbringt den Tag mit Spielen. So geht das alle Tage, wochenlang. Jede Ablenkung ist Tom recht, um nicht an seine Fragen denken zu müssen. Aber nachts ist er immer öfter traurig und ängstlich, zuletzt sogar wütend: Er hat Wut auf die Freunde, die nicht da sind, und Wut auf das Schiff und Wut auf Sonne, Mond und Sterne. Meist wird er morgens wütend wach. Er rast an Deck und tritt gegen Liegestühle, zerrt den Schiffshund am Schwanz und schreckt die alten Damen aus dem Schlaf auf. Die Mitreisenden beginnen, einen großen Bogen um ihn zu machen. Tom bleibt auch am Tag in seiner Kajüte und vergräbt sich immer mehr in seine schlimmen Gefühle. Dabei entdeckt er: „Wenn ich viel esse, bin ich frei von den quälenden Fragen, Vorwürfen und der ohnmächtigen Wut." Also stopft Tom sehr viel in sich hinein und wird von Tag zu Tag dicker und unglücklicher.

Als er eines Nachts überhaupt nicht schlafen kann, weil er zu viele Spaghetti gegessen hat, schleicht er sich traurig auf Deck, dabei verläuft er sich. Die Nacht ist tiefschwarz und regenkalt. Tom friert. Er sucht vergeblich nach seiner Kajüte. Endlich entdeckt er einen einsamen Lichtschein an Deck und geht auf ihn zu. Mit letzter Kraft öffnet er eine schwere Türe und steht im Kommandoraum des Schiffes. Ein grauhaariger, alter Mann schaut von seiner Arbeit an einem Messgerät auf und sagt drohend: „Bürschchen, was suchst du hier?" Tom kann vor Schreck nicht antworten, nass, frierend und hundemüde sinkt er an der Türe zusammen. Da brüllt der Grauhaarige: „Steh auf, verdammter Bengel, und hilf mir gefälligst, wenn du schon ungebeten hereinschneist!“ Tom gehorcht zitternd. Mit wenigen, schroffen Worten zeigt der Navigator Tom seine Aufgabe. Er muss auf einem Messgerät bestimmte Zeichen erkennen und blitzschnell mit einem Knopfdruck darauf reagieren. Das erfordert eine hohe Konzentration. Anfangs ist Tom viel zu langsam, und der Navigator brüllt ihn schrecklich an. Aber dann packt Tom der Ehrgeiz, und schließlich, als draußen schon der Morgen graut, beherrscht er seine Aufgabe perfekt. „Geh schlafen, Bürschchen“, brummt der Alte und „du kannst wiederkommen.“ Schwankend vor Müdigkeit, aber stolz und überglücklich sinkt Tom in sein Bett.

Von nun an besucht er den Alten Nacht für Nacht. Brummend und wortkarg zeigt der Navigator ihm, wie man ein Schiff steuert. Tom lernt fasziniert die Sprache von Wind, Wellen, Mond und Sternen. Er bewundert seinen Lehrmeister. Zum Essen hat Tom weder Zeit noch Lust, und die schweren Gedanken und die traurigen Gefühle kommen nur noch selten.

Als das Schiff nach drei Monaten endlich Land erreicht, ist Tom ein guter Navigator. Der Alte bietet ihm an, weiter mit ihm gemeinsam zu arbeiten. Aber Tom geht an Land, nimmt auf einem anderen großen Schiff Arbeit an und geht alleine auf große Fahrt.

Für die Eltern: Tom auf großer Fahrt ... oder Ein Kind im Rollenkonflikt

Problemhintergrund

Tom ist zwölf Jahre alt. Die Mutter nahm, als sie sich von ihrem Mann trennte, den Jungen mit, ohne ihn zu fragen. Sie zog mit ihm in eine fremde, weit entfernt liegende Stadt. Toms Vater blieb mit Toms Bruder im Elternhaus. Beide Eltern begehren die Alleinsorge für Tom. Tom fühlt sich als Mutters männlicher Beistand, als Sohn seines Vaters, als Spielgefährte des Bruders. Diese Rollenvielfalt, zusammen mit Toms Alltagsbelastungen – Schulwechsel, Umzug, Großstadt, Geldmangel –, überfordert Tom. Er ist verhaltensauffällig. Seine Stimmung wechselt zwischen Aggression und Depression. Während der Depression isst er übermäßig. In der Schule versagt Tom trotz guter Intelligenz mehr und mehr.

Ziel

Ziel der Geschichte ist es, Tom zu motivieren, seine Kräfte auf die Lösung seines Schuldproblems zu konzentrieren, statt sich in Rollenkonflikten zu verheddern.

Erzählweise

Als Metapher für Toms Leben verwende ich eine Schiffsreise. Die Hilfe, die Tom vom Problem zur Lösung führen kann, besteht in engagiertem Lernen. So übernimmt er die Verantwortung für sich selbst und findet einen Ausweg aus den Rollenzuweisungen der Eltern. Indem er ein Ziel konsequent verfolgt, erhält sein Leben wieder einen von ihm bestimmten Sinn.

Der Zauberhonig Marke „Unverletzbar“

Hinten am Waldrand steht ein mächtiger, alter Nussbaum. In seiner Krone wohnen Blaumeisen und Rotschwänzchen. Das flinke, braune Eichhörnchen hat in luftiger Höhe seine Baumhöhle. Die Baumrinde gibt unzähligen Käfern, Raupen und Mücken Quartier. In den morschen Teilen des Stammes hat ein großes Bienenvolk seine Waben aufgehängt. Zwischen den Wurzeln im Erdreich wohnt eine graue Mäusefamilie mit vielen zappeligen Mäusekindern in Nachbarschaft mit einer fetten, fahlen Erdkröte. Dicht daneben ist der Eingang zur Höhle der Bären. Tief unten im warmen, weichen Erdreich wohnt die Bärenmutter mit ihrem Bärenjungen Brummeli. Der kleine Bär liebt das Leben in der Erdhöhle. Da ist es dämmerig, schummerig, es riecht angenehm nach Muttererde und warmem Bärenfell und natürlich nach Honig, denn die Bärenmama hat immer einen großen Tontopf voll mit dem allerfeinsten Honig der Wildbienen bereit. Auf dem Topf klebt ein großes Schild mit der Aufschrift „Honig – Marke Unverletzbar“. Das ist für Brummeli besonders wichtig. Schon einige Male hat er bei seinen Ausflügen an den Waldrand versucht, den wilden Bienen im Nussbaumstamm ihren süßen Honig zu klauen, und jedes Mal ist er schreiend und mit zerstochener Nase zu Mutterbär und dem großen Honigtopf zurückgeflüchtet. Mutterbär zog ihm dann die Stacheln aus der Nase, was schrecklich weh tat, nahm ihn in ihre starken, kuscheligen Arme und gab ihm vom Honig – Marke „Unverletzbar“, bis er sich wieder rundherum wohl und geborgen fühlte. Ja, das Leben in der Bärenhöhle unter dem schützenden, alten Nussbaum ist angenehm.

Aber eines Tages, als Mutterbär im Wald nach Nahrung sucht und Brummeli gerade beim Schlafen die schönsten Honigträume hat, da geschieht etwas Furchtbares. Die Erde beginnt zu wanken, zu beben, ein gewaltiges Krachen zerreißt die Luft, es grollt, poltert, splittert, grelles Licht durchzuckt die sonst dämmerige Bärenhöhle. Als Brummeli angstvoll die Augen öffnet, sieht er das Entsetzliche: Die Erde ist geborsten, Steine und Geröll türmen sich überall, die Krone des alten Nussbaumes liegt zerrissen neben dem gespaltenen Stamm. Alle Tiere sind in heller Aufregung. Sie flattern und kreischen durcheinander: „Rettet das Rotschwänzchen, es ist unter dem Ast eingeklemmt, befreit die Mäuslein zwischen den Steinen, wo ist mein mühsam selbstgebautes Nest?“ Das Bienenvolk schwirrt mit schrillem Gesumm wild durcheinander. Brummeli sieht die erregten Bienen und flieht dorthin zurück, wo noch vor kurzem die schützende Bärenhöhle war. Wo ist der Honigtopf? Ach, ein Stein hat ihn zertrümmert. Die gelbe Masse fließt klebrig über die Erde, und Hunderte von Bienen stürzen sich darauf. Brummeli rennt, so schnell er kann, nach draußen und schreit laut nach seiner Bärenmama. Er erhält keine Antwort. Sie ist ja weggegangen, auf Nahrungssuche. Da fällt dem Bärenkind ein, dass er noch einen Bärenpapa hat und eine Bärenschwester. Die sind vor langer Zeit weggezogen und haben sicherlich eine schöne, warme, unversehrte Bärenhöhle. Er macht sich weinend auf den Weg, um sie zu suchen. Wenn ihn der Hunger quält, tröstet er sich: „Es gibt beim Papa sicher guten Honig Marke ‚Unverletzbar‘.“ Als er nach Tagen entkräftet bei Vater- und Schwesterbär ankommt, freuen sich alle. Dort bekommt er aber nur Johannisbeermarmelade mit Kernchen drin. Die Höhle von Vaterbär hat vom Erdbeben riesige Risse. Vaterbär ist viel mit Reparaturen beschäftigt. Wenn Brummeli ihm helfen will, sagt er genervt: „Lass mich in Ruhe, dann geht es schneller.“ So verlässt Brummeli nach ein paar Tagen seinen

Vater und seine Schwester wieder. Er weiß nicht recht, wohin er gehen soll, und manchmal hat er große Angst alleine im Wald.

Eines Tages macht er erschöpft auf einer grünen Wiese Rast. Er fühlt sich herzenseinsam und allein gelassen und ungerecht bestraft. Da zwickt ihn etwas hinten in seinen Bärenschwanz. Er fährt auf und schreit: „Eine Biene, eine Biene!" Aber im Gras kichert es, und als er sich mutig herumdreht, steht ein Bärenjunge vor ihm, den er noch nie gesehen hat. „Sitz hier nicht so faul herum, du Träumer", sagt der, „hilf uns lieber unser Floß bauen. Wir wollen reisen." Brummeli versteht gar nichts und reißt, statt zu antworten, nur seine kugeligen, braunen Augen weit auf. Der andere ruft: „Du trübe Tasse", und läuft davon. Neugierig steht Brummeli auf, lässt seine Tagträume vom Honigtopf hinter sich und folgt der Spur im Gras. Weil er ängstlich ist, braucht er lange, bis er den Bärenjungen wiederfindet. Der ist nicht mehr allein: Am Fluss sind über zehn Jungbären damit beschäftigt, Stämme und dicke Äste zusammenzutragen. Andere holen zu dritt und zu viert lange Lianen vom Waldrand. Gemeinsam bauen sie ein Floß. Einer der fleißigen Bären entdeckt Brummeli und sagt: „Komm, hilf uns, du kannst mit uns fahren, das macht richtig Spaß."

Brummeli packt wortlos zu. Anfangs fällt ihm das Heben und Tragen sehr schwer, denn er ist schwach, und wenn er ganz alleine in den Wald geschickt wird, um Äste zu holen, überfällt ihn wieder die Angst. Die Bärenjungen tun alles gemeinsam und lachen dabei, sie schubsen sich und schlagen rückwärts Purzelbäume. Brummeli gefällt das, und er wird von Tag zu Tag stärker und mutiger. Am Fluss lernt er fischen, Fische schmecken ihm vorzüglich. Eines Tages zeigt ihm Schlaubär, wie man unversehrt von den Bienen den süßen Honig bekommt: „Geh langsam", sagt er, „setz dich zu ihnen immer dann, wenn sie in der Sonne spielen, bringe ihnen in deinem Bärenfell Blütenpollen mit. Dann wollen sie mit dir spielen, ihr brummt und summt miteinander, und sie bieten dir ihren Honig ganz von alleine an, weil sie wissen, dass du sie magst." Brummeli befolgt den Rat. Jetzt kann er Honig schlecken so oft er will.

Wenig später ist das Floß fertig gebaut. Alle Bärenjungen gehen gemeinsam auf eine große Abenteuerreise. Wo sind sie wohl hingefahren?

Für die Eltern: Der Zauberhonig ... oder Die Loslösung aus der Muttersymbiose

■ *Problemhintergrund*

Die Mutter von Hans trennte sich von ihrem Mann und nahm den sieben Jahre alten Jungen und seine ältere Schwester mit in eine fremde Stadt. Die ältere Schwester kehrte von sich aus zum Vater zurück. Die Eltern streiten nun über die Sorge für Hans. Der Vater wirft der Mutter sexuellen Missbrauch von Hans vor, weil sie den Jungen bis zu seinem vierten Geburtstag gestillt habe. Aus Angst, ihr zweites Kind an den Vater zu „verlieren", verhält sich die Mutter Hans gegenüber körperlich unsicher und verängstigt. Hans flüchtet in regressive Verhaltensweisen: Er greift fremden Frauen in die Bluse oder saugt ihnen am Ohrläppchen und will bei seiner Schwester im Bett schlafen. Die Verhaltensweisen sind für den Vater ein Grund, den Druck auf die Mutter zu verstärken. Hans' Problem besteht jedoch nicht in vermeintlichen sexuellen Angeboten der Mutter, sondern in der durch die Symbiose vernachlässigten sozialen Entwicklung.

Ziel

Das Märchen soll Hans helfen, sich aus der Muttersymbiose zu lösen, zu körperlicher Eigenständigkeit zu finden und sich in seinem eigenen Körper sicher zu fühlen.

Erzählweise

Die Erzählweise des Märchens ist „klassisch". Der Handlungsfaden beginnt beim Problem der symbiotischen Überbehütetheit und führt über die Katastrophe der Elterntrennung zur Lösung: dem zufriedenen Leben in der Anerkennung Gleichaltriger. Die Bärenfreunde sind die Helfer des Kindes.

Die vierzig Enten mit den roten Köpfchen, den grünglänzenden Flügeln und dem Krönchen auf dem Kopf

Der breite Fluss hat wunderbar blaues, klares und kühles Wasser. Er fließt zwischen steilen, bewaldeten Bergen, bis er an eine Stelle kommt, an der er sich in zwei gleich breite Flüsse teilt.

Dort, wo sich der Fluss teilt, ist die Uferlandschaft nicht mehr steil und felsig. Das Land zwischen den beiden Flussarmen ist sanft und hügelig, von der Sonne verwöhnt und überaus fruchtbar. Hier wachsen Milchschokoladenbäume, und die Vanilleeisbüsche zeigen zweimal im Jahr ihre leckeren Fruchtbällchen.

An diesem lieblichen Flecken haben Menschen ein Dorf gebaut, einen König gewählt und mitten im Dorf für ihn ein Schloss errichtet. Der König hat zwei Söhne. Einer der beiden ist groß, hat schwarze Haare und trägt immer eine grüne Zipfelmütze; er heißt Graf Mondlicht. Der andere ist kleiner, hat blonde Locken und trägt eine rote Zipfelmütze, er heißt Graf Sonnenschein.

Als der König alt geworden ist und stirbt, fangen seine Söhne an, miteinander zu streiten. Jeden Abend, wenn es Fernsehzeit wird, entbrennt der gleiche heftige Streit zwischen ihnen: Graf Mondlicht will Nachrichten sehen, Graf Sonnenschein unbedingt den Sport. Sie streiten darüber so hässlich laut, dass die Bewohner des Dorfes nicht mehr schlafen können. Eines Abends brüllt Graf Mondlicht seinen Bruder an: „Mir reicht es jetzt, ich halte es mit dir nicht mehr aus!" Graf Sonnenschein schreit zurück: „Ich wollte gestern schon abhauen!" Beide satteln gleichzeitig ihre Pferde, verlassen das Schloss und reiten in entgegengesetzte Richtungen.

Sie sind so wütend, dass sie Staubwirbel entfachen und ihre Pferde Funken versprühen.

Graf Mondlicht überquert den linken Arm des Flusses, baut sich oben in den Bergen eine Burg und errichtet seine Fernsehantenne darauf; Graf Sonnenschein reitet über den rechten Arm des Flusses, baut sich eine Burg hoch oben im Fels und stellt ebenfalls seine Fernsehantenne darauf. Zugleich bauen beide riesige Abschussrampen für Kanonen. Nun beschießen sie sich täglich. Es tost, dampft und stinkt nach Schießpulver, Dampfschwaden steigen auf, und ein heftiges Dröhnen lässt die Luft erzittern: mal schießen sie mit Niespulver, mal mit Radieschen, und manchmal sind es Leuchtkugeln oder Seifenblasen.

Die Dorfbewohner sind froh, dass die beiden sich nicht mehr unten im Dorf in ihrer Mitte streiten. Sie ernten die Schokoladenbäume ab und essen mit viel Genuss das reife Vanilleeis von den Büschen. Sie genießen ihr Leben in vollen Zügen.

Im Dorf wohnt ein besonders schlauer und pfiffiger Junge namens Christoph. Er entdeckt eines Morgens, dass sich im rechten Seitenarm des Flusses eine seichte Stelle, eine Furt, befindet. Offenbar hatte der Fluss dort immer mehr und mehr Sand angelagert. Christoph kann durch den rechten Flussarm hindurch bis zum anderen Ufer waten. Zuerst behält er seine Entdeckung für sich und schleicht heimlich bei Nacht und Nebel hinauf zur Burg des Grafen Sonnenschein. Er hat Angst, Graf Mondlicht könnte ihn sehen und deswegen ausschimpfen. Das will Christoph nicht, denn er mag beide Grafen.

Graf Sonnenschein freut sich riesig, und die beiden schwatzen lange miteinander.

Später erzählt Christoph seinen Freunden davon, schließlich weiß es das ganze Dorf, und weil Graf Mondlicht anscheinend nichts bemerkt hat, laufen die Dorfbewohner ungeniert auch bei Tage zum Grafen Sonnenschein und verkaufen ihm Schokolade, Vanilleeis, Tomaten und gerupfte Hühner, die sie selbst gezüchtet haben. Graf Sonnenschein kommt oft ins Dorf hinunter und sitzt so manchen Abend mit den Dorfbewohnern in seinem ehemaligen Schloss und schwatzt mit ihnen von den alten Zeiten.

Eines Morgens, als Christoph wie gewohnt sehr früh auf seinen Lieblingsschokoladenbaum geklettert ist, um nachzusehen, ob über Nacht vielleicht ein kleines Täfelchen von der besonders leckeren Milchschokolade gereift ist, sieht er plötzlich, als sein Blick wie gewohnt auf die Burg des Grafen Mondlicht fällt, etwas Merkwürdiges: Links hinter der Burg schaut etwas hervor, das aussieht wie ein Entenkopf und doch ganz anders: Es ist viel größer, rot und trägt auf dem Kopf wahrhaftig ein goldenes Krönchen. Dann verschwindet es wieder.

Christoph reibt sich die Augen und meint, er habe geträumt. Von da an hält es ihn keine Nacht mehr im Bett, und längst vor Tau und Tag sitzt er auf dem höchsten Schokoladenbaum und starrt in Richtung der Burg des Grafen Mondlicht; und eines Morgens, da geschieht es dann …

Um die Ecke der Burg kommt eine große Ente gewatschelt. Sie hat einen roten Kopf mit einem goldenen Krönchen und grünglänzende Flügel auf einem nachtblauen Körper. Hinter ihr kommen noch neununddreißig Enten, die genauso aussehen wie sie, teils sind sie jünger, teils älter als die erste. Während sie den Weg hinunter zum Fluss watscheln, funkelt das Gefieder der Enten in der aufgehenden Sonne so hell, dass Christoph vor Staunen fast vom Baum fällt. In diesem Moment donnert ein einzelner Schuss von der Burg des Grafen Mondlicht zur Burg des Grafen Sonnenschein hinüber, und der graue Pulverdampf verhüllt das Flusstal.

Christoph rennt, so schnell er kann, ins Dorf und erzählt, was er gesehen hat.

Alle Bewohner eilen zum linken Flussufer und sehen zu, wie die riesigen bunten Enten sich dem Wasser nähern und dann eine nach der anderen ins Wasser hineingleiten und geradewegs in Richtung des Dorfes schwimmen.

Alle sind wie Christoph vom glitzernden Schimmer der Tiere in der Sonne und von ihren Krönchen fasziniert.

Als aber die erste Ente an Land steigt, bekommen es die Menschen mit der Angst zu tun. Sie rennen, so schnell sie können, in ihre Häuser, verschließen ihre Türen, lassen die Rollläden hinunter und drehen die Fernseher an. Auch Christoph reagiert so.

Nach einer kleinen Weile aber kommt er sich reichlich dumm vor. Außerdem juckt ihn die Neugier. Er zieht den Rollladen etwas hoch und späht durch die Spalten auf den Marktplatz. Was er dort sieht, ist eher amüsant und lustig als beängstigend: Alle vierzig Enten, die großen wie die kleinen, drehen sich zu einer unhörbaren Musik im Kreise, lächeln dabei, wackeln sanft mit dem Kopf und heben ihre schillernden Flügel, als wolle jede der anderen ihre Schönheit zeigen. Christoph geht hinaus zu den Enten. Nach und nach kommen die Dorfbewohner dazu, denn sie sehen, dass die Enten friedlich sind.

Am Abend, als es dämmert, kommt einer der Dorfbewohner auf die Idee, dem Grafen Sonnenschein ein solches Tier zu bringen. Er denkt, Graf Sonnenschein isst gerne Hühner, und diese Tiere haben mehr und sicher besseres Fleisch. Da er die Ente, die er gefangen hat, nicht töten kann, weil sie so wunderschön und fremdartig ist, bringt er sie dem Grafen Sonnenschein lebend. Der Graf nimmt die Ente dankend entgegen, setzt sie in seinen Stall und freut sich, dass sie so besonders groß und schwer ist. Im Laufe der Nacht kommen viele Dorfbewohner auf die Idee, sich beim Grafen durch eine fette Ente heimlich beliebt zu machen, und so sind, als der Morgen graut, alle vierzig Enten im Stall des Grafen Sonnenschein.

Als der Graf nun nach der unruhigen Nacht bei hellem Tageslicht aufwacht und zu seinem Stall geht, um sich die Gaben der Dorfbewohner anzusehen und sich mit dem Küchenmeister über die Möglichkeiten zu beraten, vierzig Enten auf einmal tiefzufrieren, da bleibt ihm beim Anblick dieser buntgefiederten, schillernden Tiere, die sich so anmutig im Kreise drehen, der Mund offen stehen. Er sagt zu einer Ente: „Dich kann ich doch nicht in die Pfanne hauen – aber was mache ich denn jetzt?"

Da kommt ihm ein guter Gedanke.

Als die tiefe Nacht hereingebrochen ist, treibt er alle vierzig Enten hinunter zum Fluss, dorthin, wo der Strom noch breit und ungeteilt zwischen den Felsen fließt und wo am anderen Ufer die Burg des Grafen Mondlicht ragt, und treibt sie weiter, ins Wasser hinein.

Wenn du heute mit Christoph auf den Schokoladenbaum kletterst, dann kannst du sie sehen, die vierzig schillernden Enten … oder sind es mehr geworden?

Seitdem sie den Weg über den Fluss und über die Flussarme kennen, leben einige immer zwischen dem Dorf und der Burg des Grafen Mondlicht und einige immer zwischen dem Dorf und der Burg des Grafen Sonnenschein, wieder andere leben zwischen beiden Burgen, und schließlich gibt es noch die, die immerzu im Kreise herumschwimmen.

Graf Mondlicht und Graf Sonnenschein haben längst aufgehört, sich gegenseitig zu beballern, weil sie Angst haben, eine der wunderschönen und schillernden Enten zu treffen.

Für die Eltern: Die vierzig Enten ... oder Wie das Schöne den Streit besiegt

■ *Problemhintergrund*

Die Eltern von Daniela, einem intelligenten, neunjährigen Mädchen, haben sich in heftigem Kampf getrennt und streiten seit drei Jahren ununterbrochen, mittlerweile durch mehrere Gerichtsinstanzen. Die Anwaltschriftsätze schildern ausführlich jeden kleinen Fehler und jedes Versagen von Mutter und Vater. Daniela, die bei der Mutter lebt und den Vater regelmäßig sieht, kennt die wechselweisen Vorwürfe ihrer Eltern. Sie widersprechen ihrem persönlichen Eindruck und ihren Gefühlen. Daniela frisst die Spannungen in sich hinein. Sie hat Übergewicht. Das ist die Situation, in der ich die Familie kennen lerne.

■ *Ziel*

Die Lösung, die ich Daniela und ihren Eltern durch meine Geschichte anbiete, besteht in der Überzeugung, dass es für jeden Menschen etwas gibt, das ihm wichtiger und wertvoller ist als Streit. Ich berichte Daniela davon, dass eines Tages, unerwartet, die Schönheit über das Hässliche und die Lebenslust über den Streit siegen werden.

Plopp der Tintenfisch

Nirgends in Ozeanien ist so viel Leben wie am großen Riff. Oben an der Meeresoberfläche schlagen die Wellen gegen die Klippen, dass das Wasser aufschäumt. Unten ist vom Wellentosen nichts mehr zu spüren. Hier wachsen Korallen in allen Farben. Sie verwandeln das Riff in einen Unterwassergarten. Im Schutze des Felsens haben große und kleine Fische ihre Heimat: Hechte, Barben und Knochenfische, Längs-, Quer- und Plattfische, Kaiserfische, Höhlenfische und Tintenfische. Gelegentlich zeigt sich ein Hai, verschwindet aber bald wieder, weil er die Ruhe liebt. Hier leben Seepferdchen, Seesterne und Seegurken, Herzmuscheln, Miesmuscheln und Mördermuscheln und anderes Getier. Für alle ist der Tisch reich gedeckt. In dieser Wunderwelt spielt unser Märchen.

Riffbewohner sind keine armen Leute. Die wohlhabendsten sind die Tintenfische. Sie leben in prächtigen Höhlen, die mit Algenteppichen ausgelegt sind. Sie speisen an Marmortischen. Ihre Tintenfässer sind aus feinem Glas, ihre Schreibfedern aus Gold. Tintenfische wissen auf jede Frage eine kluge Antwort. Der weiseste unter ihnen ist Professor Plumps. Er besitzt das dickste Buch von ganz Ozeanien. Daraus liest er den jungen Tintenfischen vor, bis sie eingeschlafen sind. Wenn alle wieder wach sind, liest er weiter, bis wieder alle schlafen. Das geht sieben Wochen lang so fort. Dann entlässt Professor Plumps seine Schützlinge. Zum Abschied verrät er ihnen sein berühmtes „Professor-Plumps-Tintenrezept". Mit allem versehen, was der Tintenfisch braucht, verlassen die jungen Tintenfische das Riff. Einige werden Dichter, die in der Fremde die Schönheit des Riffs besingen, andere Gelehrte wie Professor Plumps. Die meisten aber werden Schreiber. Entweder lassen sie sich von einem großen Fisch anheuern, der wie alle Fische stumm ist. Sie lesen ihm die Wünsche von den Augen ab und bringen sie zu Papier. Oder sie übernehmen die Buchführung für einen Fischschwarm und schreiben Rechnungen, Mahnungen und Quittungen.

Professor Plumps hat drei Söhne. Zwei von ihnen haben schon im Jünglingsalter das Riff verlassen und sind seitdem nicht mehr gesehen worden. Der Dritte, Plopp, ist ein Sorgentintenfisch. Anfangs will er wie der Vater ein berühmter Gelehrter werden. Langsam wird ihm klar, wie viel Mühe die Gelehrsamkeit kostet. Beim Vorlesen schläft er immer als Erster ein. Als er hört, dass man als Dichter ohne sich zu quälen noch berühmter werden kann, fühlt er sich zum Dichter geboren. Träumend schwimmt er ums Riff und sucht, während die anderen auf Nahrungssuche sind, nach Endreimen. „Tintenfisch und Marmortisch, Tiefsee und Fernweh". Sein erstes Gedicht über die Schönheit des Riffs langweilt die Zuhörer zum Gähnen. Die Riffbewohner meiden ihn, weil er jedes Mal sein neuestes Gedicht vorlesen will. „Man besingt die Heimat in der Fremde und die Ferne in der Heimat", belehrt ihn Professor Plumps, „als Dichter solltest du in der Welt herumkommen und viel erleben." Doch Plopp bleibt und schreibt. Pünktlich zu allen Malzeiten stellt er sich bei Professor Plumps ein.

Eines Nachts hat Professor Plumps zu lange in seinem dicken Buch studiert. Am nächsten Morgen ist er tot. Plopp hat sich zu einem fetten, gefräßigen Tintenfisch ausgewachsen. Er vermisst den Plumpsschen Mittagstisch. Plopps eigene Kinder sind längst ins Leben hinausgeschwommen, mit Ausnahme des Jüngsten, Tapp. Der kümmert sich um den Vater. „Plopp würde verhungern, wenn ich ihn allein ließe", denkt Tapp. Er richtet Plopp ein Dichterstübchen ein und besorgt Papier und Tinte. „Bald wirst du berühmt. Ich werde dir die

Wünsche von den Augen ablesen“, tröstet er Plopp. „Von den Augen brauchst du mir nichts ablesen“, nörgelt Plopp. Darauf beginnt er zu jammern, dass er nicht das richtige Papier habe und ein unhandliches Tintenfass, dass man zum Dichten keine gewöhnliche Feder verwenden könne usw. Plopp klagt und Tapp tröstet, das ist der Alltag. Plopp wird zunehmend ungenießbarer. Wenn er wütend ist, wirft er das gefüllte Tintenfass gegen die Wand und schreit anschließend nach Tinte. Tapp weiß nicht mehr aus noch ein. Auch er ist zum Sorgentintenfisch geworden, weil er sich zu sehr um den Vater sorgt. „Ich würde gerne um die Welt reisen, nach Engelland zu den Engeln, nach dem versunkenen Atlantis oder ins rote Meer. Wie herrlich muss es sich in rotem Wasser schwimmen. Aber ich darf nicht. Was würde aus dem Vater ohne mich?“

Da kommt Tipp, Tapps Zwillingsbruder zu Besuch. „Wie seht ihr aus, Vater ist fett wie eine Qualle, und du bist dürr wie ein Hering. Du, Plopp brauchst Bewegung und du Tapp Erholung“. „Nein“, ruft Tapp „es ist alles halb so schlimm.“ „Nein“, ruft Plopp, „wartet, wenn ich berühmt bin, wird sich alles ändern. Bis dahin ist Tapp für mich unverzichtbar.“ Tipp betrachtet die Tintenflecken an den Wänden. „So geht das nicht weiter“, sagt er.

Tipp hat wenig Zeit. Er ist ein vielbeschäftigter Dolmetscher, weil er wie kein anderer die Miesmuscheldialekte beherrscht. Doch die Sorge um Vater und Bruder hat ihn nach Hause getrieben. „Wenn ich bei Plopp und Tapp bleibe, bin ich bald ebenso unglücklich wie die beiden“, denkt er. „Jeder hat sein eigenes Leben zu leben. Tapp und ich gehören hinaus in die Welt. Plopp wird es besser gehen, wenn keiner da ist, dem er sein Leid klagen kann. Nach kurzer Überlegung nimmt Tipp Tapp am Arm und reist mit ihm ab. „Ihr lasst mich verhungern“, schreit Plopp Tipp und Tapp nach und will das Tintenfass an die Wand werfen, hält aber in der

Bewegung inne, weil niemand mehr da ist, der ihm ein neues Tintenfass besorgt.

Im nächsten Jahr kommt Tipp wieder ans Riff zu Besuch. Er trifft Plopp, der vor seiner Höhle sitzt und schreibt. Ich bin Riffschreiber geworden", erzählt er. „Zu mir kommen sie, damit ich wichtige Geschäftsbriefe verfasse. Du weißt, in meiner Zeit als Dichter habe ich mir eine kunstvolle Schrift angewöhnt und eine gewählte Ausdrucksweise. Das kommt mir jetzt zugute. Begehrt sind meine verschnörkelten Anfangsbuchstaben. Ich bin ein wohlhabender Tintenfisch." „Dichtest du noch?", will Tipp wissen. „Ja, gelegentlich. Zu mir kommen manchmal junge Fische, denen ich bei den Liebesbriefen helfe. Ihren Briefen lege ich dann ein Gedicht zum Lob des Riffs bei. Solange ich berühmt werden wollte, war das Gedichteschreiben eine Qual. Inzwischen ist es die reine Freude."

„Was weißt du von Tapp", fragt Plopp. Tipp zeigt ihm eine Ansichtskarte, auf der ein Delphin abgebildet ist. Auf der Rückseite steht: „Mach dir keine Sorgen um mich. Ich bin jetzt im Stillen Ozean bei den Delphinen zu Hause. Plopp hätte seine Freude hier. Ihr Gelächter ist ansteckend. Wann kommt ihr mich besuchen?"

Für die Eltern: Plopp der Tintenfisch ... oder Kinder opfern sich für ihre Eltern auf

■ *Problemhintergrund*

Ellen ist elf Jahre alt, als die Eltern sich trennen. Ihre beiden älteren Geschwister ziehen mit der Mutter nach München. Sie fühlt sich verpflichtet, den Vater nicht allein zu lassen. Der Vater verändert daraufhin sein Leben so, dass sich alles um die Tochter dreht. Er verbringt die Freizeit mit dem Kind und vermeidet, um Ellen nicht zu belasten, eine neue Partnerschaft einzugehen.

Kinder haben die Fähigkeit, für ihre Eltern/einen Elternteil Verantwortung zu übernehmen. Dabei gehen sie so weit, dass sie ihre eigenen Bedürfnisse zurückstellen, mitunter sich ihrer nicht einmal bewusst werden, um die Eltern zu stützen oder zu schützen. Solange die Familie intakt ist, bemerkt man wenig von dieser Gabe. Ein gesunder Egoismus herrscht vor. Wenn die Ehe der Eltern scheitert oder in anderen Krisen, werden Kinder aktiv. Bei Übernahme der Verantwortung handelt es sich um einen Rollentausch. Das Kind tritt in Elternpflichten ein. Darüber ist es stolz und bemerkt nicht, dass es seine Kindheit opfert, um vorzeitig erwachsen zu sein, ein unwiederbringlicher Verlust. Eltern, die einen solchen Preis von ihren Kindern verlangen, handeln unbewusst und in Not. Ihre Sorgen gehören in die Hände von Erwachsenen.

Es gilt hellhörig für Kinder zu sein, die sich aufopfern. Deshalb noch ein Beispiel:

Vor einiger Zeit besuchte ich den zehnjährigen Willi, der gerade in einem Kinderheim untergebracht worden war. Es gefalle ihm gut, erklärte er mir begeistert. Auf meine Frage, ob er im Heim bleiben wolle, antwortete er: „Ich weiß noch nicht, ob Mama und Papa mich brauchen.“ Auf Hinterfragen erfahre ich, Willi ist ein Kind, das sich für die häusliche Harmonie seiner alkoholkranken Eltern verantwortlich fühlt.

Ziel

Kinder sollen wissen, dass sie ein Recht auf ihr eigenes Leben haben. Uns geht es darum, die unbewussten Zusammenhänge aufzudecken und das Problembewusstsein gefährdeter Eltern zu schärfen.

Erzählweise

Ich habe Bilder gewählt, die mir lieb und vertraut sind. Beim Erzählen sehe ich einen Schwarm Tintenfische, deren Farbe je nach Lichteinstrahlung wechselt, der Größe nach geordnet zwischen den Felsen eines Korallenriffs schwimmen. Es geht mir darum, einem schwierigen Thema einen ressourcevollen Rahmen zu geben.

Die Zwillingsbrüder sind deshalb als Akteure ausgewählt, weil ich verdeutlichen möchte, dass einem Kind beide Handlungsalternativen zu Gebote stehen, die kindgerechte und die kindungerechte. Vom falschen zum richtigen Weg ist oft nur ein kleiner Schritt notwendig.

Das kleine Tännchen

Hinter dem Dorf am Waldrand, dort, wo der Jäger seinen Hochsitz hat, steht eine hohe, schlanke Edeltanne. Sie wiegt ihre Zweige sanft im Wind und lädt dich freundlich ein, dich zwischen ihre Wurzeln an den Stamm zu setzen, um die schöne Aussicht zu genießen. Wenn du den Stamm der edlen Tanne genau betrachtest, wirst du etwa drei Meter über dem Boden eine starke Verkrümmung und Verdickung bemerken, so als habe der Baum es damals trotz Kraft zum Wachsen nicht geschafft, in die Höhe zu kommen. Ich will dir die Lebensgeschichte der Tanne erzählen. Es ist eine Geschichte der Sehnsucht.

Als die hohe, schlanke Edeltanne noch ein kleines Tännchen war und im Windschatten großer, alter Tannen am Waldrand wuchs, liebte sie von allen Jahreszeiten am meisten den Winter mit seinem Schnee. Wenn die Tage kürzer wurden, raue Herbststürme und kalte Regenschauer die Bäume am Waldrand schüttelten, wenn die braune Schnecke ihr Haus im dunklen Wurzelmoos des Tännchens vergrub und sich zum Schlaf zurückzog, wenn die Blaumeise sich mit aufgeplusterten Federn dicht an den Baumstamm drückte, wenn die alten Tannen ächzten und knarrten, dann rief das Tännchen vergnügt: „Hurra, der Winter kommt! Hurra, bald schneit es! Dann tanzen die weißen Flocken lustig vom Himmel und ziehen mir ein wunderschönes Kleid an, das glitzert, funkelt und strahlt wie tausend Diamanten. Wenn dann Hops, der freche Hase, kommt, der immer die tiefen Löcher zwischen meine Wurzeln gräbt, obwohl ich ihm schon oft gesagt habe, dass ich kalte Füße hasse, schüttele ich ein bisschen meine Zweige und er bekommt eine dicke Ladung Schnee auf seine vorlauten Löffel. Hurra, bald kommt der Schnee!" Bei so viel Vorfreude wiegte eine alte Tanne, die neben dem kleinen Tännchen stand, missbilligend ihre Krone: „Schnee ist mir zu kalt. Mit seiner Weißheit blendet er. Er täuscht und lässt alles anders aussehen, als es wirklich ist. Ich verachte Schnee!" Das kleine Tännchen verstand dies Reden nicht und genoss den Winter mit dem Schnee einige Jahre mit kindlicher Freude.

Doch dann kam ein Winter ohne Schnee. Sosehr das kleine Tännchen auch wartete und hoffte, es fielen nur ein paar dicke, nasse Flocken, die nicht liegen blieben. Als das kleine Tännchen sich bei der alten Tanne darüber beklagte, sagte diese: „Es schneit nicht in jedem Winter, ich habe schon erlebt, dass jahrelang keine Flocke vom Himmel fiel. Das war sehr angenehm. Damals sind mir keine Zweige unter der Last der Schneemassen abgebrochen." Mit dieser Antwort war das kleine Tännchen gar nicht zufrieden. Im nächsten Jahr fing es schon im Frühherbst, als die Bauern im Dorf bei strahlendem Wetter die roten Äpfel ernteten, an, vom weißen Schnee zu träumen. Den ganzen Winter über dachte das Tännchen an nichts anderes als an glitzernde, funkelnde Flocken, die vom Himmel tanzen und es in ein Diamantenkleid hüllen. Aber der Schnee kam nicht.

Frühling und Sommer mit ihren bunten Blumen und dem Zwitschern der Vögel lenkten das Tännchen von seiner Sehnsucht nach dem Schnee ab. Als die Bauern im August anfingen, das Korn in die Scheunen zu fahren, begann das Tännchen, bei Tag und bei Nacht wieder vom Tanz der weißen Flocken zu träumen und dachte bald an nichts anderes mehr als an sein Schneekleid. Während andere Tannen um diese Jahreszeit noch ein gutes Stück wachsen und dann Holz und Rinde ausreifen lassen, blieb das kleine Tännchen in seinem Wachstum einfach stehen und bildete keine Schutzrinde um den Trieb, der im Frühjahr und im Sommer entstanden war. Stattdessen begann es nachzugrübeln, wie es den Schnee herbeiholen könnte. Es bat die braune Schnecke um Rat. Die Schnecke sagte: „Wenn du ganz beharrlich an den Schnee denkst und nichts anderes tust, dann wird die Kraft deiner Gedanken den Schnee bringen. Das mache ich jeden Winter so mit der Sonne. Ich lege mich ruhig in mein Schneckenhaus und denke nur an den Sommer. Wie du weißt, hat das seither immer geholfen."

Der kleinen Tanne leuchtete das ein. Im Jahr darauf begann sie schon im Frühsommer, als die Kirschen gerade reif waren, vom Schnee zu träumen. Wie ihr die Schnecke geraten hatte, gab sie ihre ganze Kraft in die Gedanken an weiße, glitzernde Flocken. Aber der Schnee kam nicht. Die Sehnsucht der kleinen Tanne nach dem Schnee wuchs und wuchs. Weil zugleich der Stamm des Tännchens nicht weitergewachsen war und der Schutz durch neue Rinde fehlte, tat dem Tännchen die Sehnsucht weh.

Im Frühjahr fragte sie gleich mehrere Tiere um Rat. Die Blaumeise sagte: „Wenn du Schnee haben willst, dann fliege dorthin, wo welcher ist"; und der Kuckuck riet ihr: „Du musst nur ganz laut rufen, dann erhört der Schnee dich."

Das Tännchen wusste, diese Ratschläge konnten für einen Vogel, der fliegen, und für einen, der laut rufen kann, richtig sein, aber nicht für eine kleine Tanne. Schließlich sagte die alte Eule, das Tännchen solle inbrünstig und ausdauernd zum Wettergott beten. Weil das Tännchen schon monatelang erfolglos mit der Kraft seiner Gedanken den Schnee herbeizuholen versucht hatte, befolgte es auch diesen Rat nicht. So kam es, dass das Tännchen nicht nur die Schmerzen der Sehnsucht hatte, sondern sich nun auch noch hilflos und ohnmächtig fühlte. Es hörte ganz auf zu wachsen, ließ die Zweige hängen, sein einstmals glänzend blaugrünes Nadelkleid wurde matt, schließlich verfärbte es sich braun und fiel ab.

Der alte Förster hatte auf seinem täglichen Gang zum Hochsitz schon lange die Veränderung des Tännchens bemerkt und immer gedacht: „Das Tännchen hat einen guten Standort am Waldrand, genügend Schutz von alten Tannen, die Erde ist nahrhaft, und das Wetter war in den vergangenen Jahren für kleine Tannen gesund zum Wachsen. Also wird das Tännchen es schon schaffen." Als er aber sah, dass das Tännchen seine Nadeln mehr und mehr verlor, kratzte er sich am Bart und dachte: „Das muss etwas sehr Ernstes sein. Ich werde den Wurzel-Sepp holen. Der kann mit Tieren und Pflanzen reden."

Der Wurzel-Sepp war ein wunderlicher Alter. Er lebte alleine im Wald und sammelte Pilze und Kräuter als Medizin. Seine Haut sah aus wie brauner Ton, der beim Trocknen in der Sonne lauter Risse bekommen hat. Die Haare glichen grauem Rentiermoos. Sepp konnte nachts sehen wie Katzen und Luchse, und er konnte schnell wie Eichkätzchen auf Bäume klettern. Eines Nachts, als die kleine Tanne wieder einmal vor Sehnsucht nicht schlafen konnte, hörte sie dicht an ihrem Stamm, etwa da, wo die verkrümmte, verdickte Stelle heute ist, eine tiefe und eindringliche Stimme: „Kleine Edeltanne, du bist krank und hast Schmerzen. Statt schlank heranzuwachsen, von Jahr zu Jahr schöner zu werden und das Bild des Waldrandes mit deiner blaugrünen Nadelpracht zu schmücken, bist du krumm und verlierst deine Nadeln. Bald wird keine Blaumeise mehr Schutz vor dem Regen bei dir finden, und keine braune Schnecke wird mehr Winterquartier zwischen deinen Wurzeln suchen. Wenn du mir erzählst, was dich kränkt, werde ich meine Weisheit mit dir teilen. Vielleicht bedeutet das eine Hilfe für dich."

Die ganze Nacht berichtete das Tännchen dem Wurzel-Sepp von seiner Sehnsucht nach dem Schnee. Es erzählte von der Freude, die es beim Anblick der tanzenden Flocken gespürt hatte, vom Stolz auf das weiße Schneekleid mit den tausend blitzenden Diamanten und vom Spaß, den es hatte, wenn der nasse Schnee auf die Ohren des frechen Hasen platschte. Zwischendrin seufzte das kleine Tännchen hin und wieder: „Ich vermisse ihn so!“

Als es mit seinem Bericht zu Ende war, sprach der Wurzel-Sepp: „Kleine Edeltanne, du wirst wahrscheinlich keinen Schnee mehr erleben, solange du hier am Waldrand stehst. Auf dem Teil der Erde, auf dem wir beide leben, ist es wärmer geworden. Hier fallen höchstens noch ein paar dicke Schneeflocken, die nicht liegen bleiben. Das kommt von der Unvernunft der Menschen, an der du kleines Edeltännchen nichts ändern kannst. Was du tun kannst ist, dich entscheiden: Entweder sehnst du dich weiterhin nach etwas, das wohl nie mehr kommen wird, oder du findest deine Freude, deinen Stolz auf dich selbst und deinen Spaß anders als durch Schnee.“

Als der Wurzel-Sepp gegangen war, bekam die kleine Tanne plötzlich eine ohnmächtige Wut: „Diese dummen, arroganten Menschen können machen, was sie wollen, und ich die kleine Tanne, muss darunter leiden und kann nichts daran ändern.“ Das Tännchen weinte und fiel schließlich in einen traurigen, kraftlosen Winterdämmerschlaf.

Der Frühling kam, und mit ihm die bunten Blumen und das vielstimmige Vogelgezwitscher. In der kleinen Tanne stieg ein Gefühl von Freude über den Neubeginn auf. Fast erschrocken fielen ihr die Worte des Wurzel-Sepp ein, und sie dachte: „Das ist das gleiche Gefühl, das ich hatte, wenn die Schneeflocken tanzten, vielleicht ein bisschen schwächer. Kann ich die Freude stärker machen, wenn ich mir die Farben der Blumen genauer ansehe und den Lauten der Vögel besser zuhöre?“ Von jetzt ab ließ die kleine Tanne die Blumen bunter leuchten und die Vögel fröhlicher zwitschern. Sie begann wieder zu wachsen, neue Nadeln trieben aus. Als der Sommer vorüber war, trug sie ein dichtes blaugrünes

Nadelkleid, das an der Unterseite silbergrau schimmerte. In einer Vollmondnacht sah sich die Tanne plötzlich im silbrigen Licht glitzern und funkeln, als trüge sie tausend Diamanten. Ein warmes Gefühl für ihre Schönheit stieg in ihr auf. Sie zitterte, als sie merkte, dass es das gleiche Gefühl des Stolzes war, das sie einst empfunden hatte, wenn sie ihr prächtiges Schneekleid trug. Der Spätherbst kam und wehte die welken Blätter auf die ausgebreiteten Zweige der Tanne. Dort bleiben sie nass vom Nebel und vom Regen als schwere Last liegen. Da saß eines Tages der freche Hase unter der kleinen Tanne. Die Tanne schüttelte sich und – platsch – hatte der Hase eine dicke Ladung nasses Laub zwischen den Löffeln. „Hatschi, hatschi", nieste er, schlug einen Haken und war weg. „Jetzt habe ich ihm eins ausgewischt, so ein feiner Spaß", sagte die Tanne laut. Dann hielt sie inne und sagte: „Ja, Wurzel-Sepp hat recht, ich habe die gleichen Gefühle wie damals, als es schneite, auch bei anderen Gelegenheiten. Ich muss nur darauf achten."

Für die Eltern: Das kleine Tännchen ... oder Die Sehnsucht nach dem abwesenden Elternteil

■ *Problemhintergrund*

Claras Eltern haben sich vor drei Jahren getrennt. Sie waren nicht verheiratet. Der Vater lebt in einer anderen Stadt mit einer neuen Partnerin. Er hat „mit seiner Vergangenheit abgeschlossen", zahlt Regelunterhalt für Clara und wünscht darüber hinaus keine Kontakte. Das neun Jahre alte Mädchen hängt am Vater und sehnt sich nach ihm. Es unternimmt viele Versuche, den Vater auf sich aufmerksam zu machen. Seine Briefe, Geschenke und Telefonate bleiben aber unerwidert.

Clara reagiert auf die Ablehnung mit Selbstwertstörungen, die sich im Schulleistungs- und Sozialbereich zeigen.

■ *Ziel*

Das Märchen soll Clara zur Einsicht führen, dass ihre Versuche, eine Beziehung zum Vater zu leben, vergeblich und deshalb für ihre Entwicklung lähmend sind. Clara kann lernen, sich die angenehmen Gefühle, die sie früher im Zusammensein mit dem Vater spürte, in anderen zwischenmenschlichen Kontakten zu holen. Die Schritte, die Clara zur seelischen Gesundheit führen, sind denen vergleichbar, die ein trauernder Mensch geht. Traurigkeit und Wut über den Verlust gehören zu diesem Prozess.

■ *Erzählweise*

Die Gefühle, die das Kind seit der Abwesenheit des Vaters vor allem vermisst – Freude, Spaß und Anerkennung ihrer Person –, werden im Märchen direkt angesprochen. Wenn Clara sich an besonders schöne Erlebnisse erinnert, sind diese hell, glitzernd, funkelnd in allen Regenbogenfarben, tänzerisch bewegt und zugleich kühl und still. Deshalb wähle ich die Metapher von Schnee für Claras Erinnerungen an den Vater (siehe auch Seite 133 ff.) Die Hilfe, die Clara von ihrem Problem zu einer Lösung führt, wird von einer magischen Waldgestalt gebracht.

Der Elefant aus Celebes

In einem alten Bauernhaus am Ende des Dorfes lebt ein kleiner Mäuserich, der „Wirbelwind“ heißt, weil er so schnell laufen kann. Seinen vielen Geschwistern ist dieser Name zu lang, und sie rufen ihn einfach „Wiwi“. Das Leben in der Mäusegroßfamilie ist herrlich. Es gibt zwar schon lange keine Getreidekörnchen mehr in den Holzritzen des Getreidespeichers, und auch das letzte Mehlstäubchen ist aufgeschleckt, aber die Bäuerin ist alt und sehr vergesslich und lässt meist den Käse, die Wurst, das Brot und den Schinken einfach in der Küche stehen, wenn sie abends schlafen geht. Sobald dann auch die Hauskatze auf ihren Samtpfoten das Haus verlassen hat, um ihren Nachtspaziergang zu machen, tobt Wiwi mit allen anderen kleinen Mäusen durch die vielen Zimmer bis in die Küche, schnappt sich ein Riesenstück Käse – wobei er den mit den Löchern bevorzugt – und bringt ihn in sein ganz privates Versteck, um ihn genüsslich zu verspeisen.

Gerade in diesem Augenblick kommt eines Abends die Tante „Spitzohr“, die Wiwi besonders liebt, aufgeregt hereingerannt und ruft: „Wiwi, Wiwi, komm schnell mit, ich habe den Elefanten aus Celebes gesehen, da vorne, er ist rot mit blauen Punkten und hat hinten etwas Gelbes.“ Wiwi lässt den Käse liegen und rast hinter Tante Spitzohr hinaus in die Nacht. Es ist Vollmond, und als sie keuchend im großen, kalten Hühnerhof hinter dem Haus ankommen, zeigt Tante Spitzohr aufgeregt in die Richtung des Baches, wo die Haselsträucher ganz dicht stehen, und wispert: „Da, sieh doch, da ist er!“ Wiwi reibt sich die Augen, er glaubt fast, etwas zu sehen, ja, etwas bewegt sich. Es ist aber ganz unscharf, und vielleicht bewegt sich auch nichts. „Schau, Wiwi, er ist rot mit blauen Punkten und hat hinten etwas Gelbes, und jetzt ist er wieder weg – gelt, du hast ihn auch gesehen." Weil Wiwi seine Tante liebt und weil er heim zu seinem Käse will, sagt er: „Ja, ich habe ihn gesehen" und rennt wie ein Wirbelwind zurück zum Haus, durch alle Gänge bis zu seinem Geheimplatz – aber: Sein Käse ist weg. Jemand hat ihn aufgefressen. Wiwi ist wütend und legt sich mit knurrendem Magen schlafen.

Am nächsten Abend besorgt sich Wiwi ein besonders großes Stück vom Löcherkäse. Er muss zwar ordentlich schwitzen, bis er den Brocken an seinem Geheimplatz hat, aber schließlich hat er extra großen Hunger heute! Da kommt sein Onkel „Spitzzahn" angerannt, das ist der, den Wiwi sehr bewundert, weil er riesig weit springen kann, so dass alle Mäuse über ihn sagen: „Der kann fast fliegen." Onkel Spitzzahn ruft mit tief tönender Stimme: „Ich habe ihn gesehen, den Elefanten aus Celebes, und es ist ein historischer Augenblick für uns Mäuse, dass er gerade hier vorbeikommt. Du musst ihn dir ansehen, Wiwi, sonst bereust du es dein Leben lang." Wiwi bewundert seinen Onkel sehr, also lässt er den Käse stehen und folgt ihm. Die Nacht ist pechschwarz. Mond und Sterne sind von dicken Wolken verdunkelt. Wiwi gewöhnt sich langsam an die Finsternis. Als er, dem Onkel folgend, im großen, kalten Hühnerhof angekommen ist, erzählt Onkel Spitzzahn ihm viel von der enormen Bedeutung des Elefanten aus Celebes und ruft schließlich: „Da, sieh, kleine Maus Wirbelwind, sieh dir den Elefanten aus Celebes genau an. Er ist blau und hat rote Tupfen und hinten etwas Gelbes." Wiwi starrt ins Stockdustere. Er ist sich der Einmaligkeit des Augenblicks bewusst, und obwohl er nichts sieht, sagt er andächtig: „Großartig." Dann kehrt er eilig in sein Versteck zurück, doch der Käse ist längst von den anderen Mäusen aufgefressen. Wiwi ärgert sich schrecklich.

Er hat furchtbaren Hunger, und weil er nicht weiß, ob er sich mehr darüber ärgern soll, dass der schöne Käse weg ist oder darüber, dass er den Elefanten nicht gesehen hat oder darüber, dass es nun mal nicht sein kann, dass derselbe Elefant blau mit roten Punkten und rot mit blauen Punkten ist, schläft er erschöpft ein. Am nächsten Tag hat Wiwi keine Lust, wie gewohnt mit seinen Freunden Fangen zu spielen, und sogar für Räuber und Gendarm und eine Schnitzeljagd ist er nicht zu gewinnen. Er hockt in einer Ecke im Dunkeln und denkt dumpf vor sich hin: Wie kann das sein, dass meine Lieblingstante sagt, der Elefant sei blau, beide behaupten, er hätte hinten etwas Gelbes und ich eigentlich gar nichts gesehen habe?! Entweder lügt sie oder lügt er, oder beide, aber das kann nicht sein, denn ich liebe beide. Vielleicht ist ja auch ein Trick dabei, den ich nicht verstehe.

Wiwi beschließt, in dieser Nacht der Sache auf den Grund zu gehen. Es wird endlich Abend, und Wiwis brüllender Hunger meldet sich. Ich werde mir ein riesiges Stück Käse holen und es besser verstecken als gestern und vorgestern, denkt er. Als Wiwi nach langer Schwerstarbeit den Käse in einer dunklen Ecke geborgen hat und sich aufmachen will, das Geheimnis des Elefanten zu lüften, da steigt der Duft des Käses verlockend in seine Nase. Zugleich rumpelt sein Magen ganz laut vor Hunger, und plötzlich sieht er sich in der hellen Vollmondnacht mit der Tante im Hühnerhof stehen und vergeblich in die Haselbüsche starren und sieht sich in der schwarzen Nacht mit dem Onkel in demselben Hühnerhof stehen und ebenso vergeblich ins Stockfinster glotzen. Da wird ihm ganz schwindelig. Vor seinen Augen drehen sich rote Elefanten mit blauen Punkten und blaue Elefanten mit roten Punkten und gelbe Elefanten mit blauen und roten Punkten mit Tante Spitzohr und Onkel Spitzzahn im Kreis herum. Bis eine Stimme in ihm sagt: „Iss erst mal den Käse, und dann sieh weiter." Wiwi macht sich über den Käse her, und weil es ein gewaltig großer Käse ist, schmatzt und kaut und schluckt er lange und genussvoll, bis sein Mäusebauch prall und kugelrund ist. Dann lehnt er sich zurück, faltet beide Hände über dem satten Bauch und sagt zufrieden: „Wie gut, dass ich heute Abend den Käse gegessen habe. Das mit dem roten und blauen Elefanten sieht mir ganz nach einem Vollmond- und Wolkennachtsproblem von erwachsenen Mäusen aus." Und dann schläft er zufrieden ein.

Für die Eltern: Der Elefant aus Celebes ... oder Widersprüchliche Aussagen schaffen Verwirrung

Problemhintergrund

Der siebenjährige Marc ist ein außereheliches Kind. Er lebt mit seiner Mutter bei seinen Großeltern mütterlicherseits. Seinen Vater kennt er nicht. Die Mutter trennte sich von ihm, als Marc ein Säugling war. Sie und ihre Familie haben den Vater aus der Erinnerung und den Gesprächen verbannt. Der Großvater übernimmt die väterlichen Funktionen. Wenn Marc mit Fragen nach seinem Vater zu den Erwachsenen kommt, erhält er unterschiedliche, die Wahrheit fliehende Antworten. Marc ist verwirrt. Als der Vater wieder heiratet, begehrt dieser gerichtlich Umgang mit seinem Sohn. Mit Hilfe eines Anwalts kämpft die mütterliche Familie gegen dieses Ansinnen. Ich werde gebeten, ein Gutachten darüber zu erstatten, „ob der Umgang mit dem leiblichen Vater dem Kindeswohl schadet".

■ *Ziel*

Das Märchen soll Marc unbewusst dazu motivieren, seine kindlichen Bedürfnisse zu befriedigen und nicht weiter seine Energie darauf zu verwenden, die Handlungen der Erwachsenen verstehen zu wollen. Mit diesem Märchen habe ich beim Kind das erste bewusste Treffen zwischen Vater und Sohn vorbereitet (siehe Seite 114 ff.).

Zippel, Zappel und Zuppel lernen zaubern

In einem klaren, tiefblauen Bergsee lebt Zippel, die Forelle. Sie ist schlau und schnell. Keiner der Angler, die auf dem nahen Zeltplatz leben, hat sie je am Haken gehabt.

Eines Tages kommt ein Wanderzirkus in den Ort. Die Attraktion der kleinen Truppe ist ein eleganter Königspinguin mit Namen Zappel. Zappel ist der einzige bekannte Königspinguin, der keine Fische essen mag. Wärter müssen ihn täglich mit Schinkenbrötchen und Salat füttern. Wenn sie ihm einen lebendigen Fisch vorsetzen, freundet sich Zappel sofort mit dem glitschigen Gesellen an. Er würde eher verhungern, als einen Fisch zu fressen. Eines Nachts vergisst Zappels Wärter, den Käfig zu schließen, und Zappel watschelt hinüber zum See. Das Wasser ist schrecklich warm für einen Königspinguin. Zappel hüpft schnell wieder hinaus, noch ehe die Forelle Zippel sich so recht erschrecken konnte. Zappel wählt für seinen nächtlichen Ausflug eine kleine Straße. Er kommt zu einem Bauernhof und geht, vom Geruch angezogen, in den Stall. Dort findet er ein niedliches rosa Ferkel. „Ich heiße Zuppel", quiekt das Ferkel, „und wie heißt du?" – „Ich heiße Zappel", brummt der Pinguin freundlich, „komm, lass uns Freunde sein und unten am See miteinander spielen." Zuppel hopst auf seinen vier staksigen Ferkelbeinchen so schnell den Abhang zum See hinunter, dass Zappel mit seinem behäbigen Watschelgang nicht mehr folgen kann. Er stolpert, kullert den Berg hinunter, fällt über Zuppel, und beide plumpsen gemeinsam in das kalte Wasser des Sees direkt auf die Forelle Zippel. Als alle drei sich von ihrem Schreck erholt haben, entschuldigt sich der Königspinguin formvollendet und höflich bei Zippel und Zuppel. „Entschuldigt bitte", sagt er, sich in seinem glänzenden, schwarzweißen Frack wieder und wieder verneigend, „ich bin heute wieder so zappelig, bitte entschuldigt, bitte entschuldigt." Da springt das Ferkel Zuppel auf seine krummen Beine und beginnt aus lauter Sympathie für seinen Freund, den Pinguin, wie wild zu zappeln. „Macht mit", ruft es „zappeln macht riesigen Spaß." Und sogleich fängt Zippel an, im Wasser herumzuzappeln. Dabei springt er auch hoch in die Luft und lässt sich klatschend wieder ins Nasse zurückfallen. Zappel zappelt neben Zuppel am Ufer. Er schlägt mit den Flügelstutzen, hopst, kullert sich und wackelt zugleich mit dem Kopf. Bei dem ganzen Gezappel machen Zippel, Zappel und Zuppel einen mächtigen Lärm. Sie quieken, grunzen und schmatzen, sie plitschen und platschen, dass man es weit in den Wald hinein hören kann.

Das weckt den alten Uhu, den Lehrer der Tiere, auf. Verärgert reibt er sich den Schlaf aus den Augen, fliegt lautlos hinüber zum See und schaut sich von oben das wilde Gezappel an. Dann ruft er die Waldtiere, die vom nächtlichen Lärm längst aufgewacht sind, und sagt: „Da unten am See zappeln Zippel, Zappel und Zuppel herum: ein Königspinguin, ein Ferkel und eine Forelle. Wenn die weiter so herumzappeln, werden alle drei verrückt. Bei Vögeln ist solches Gezappel ja ganz normal, aber bei diesen drei Tieren doch nicht. Wir müssen etwas unternehmen. Wer hat eine Idee?"

Die haarige, schwarze Spinne mit dem gelben Fleck in der Mitte meldet sich und sagt mit kaum hörbarem Schnarren: „Ich habe eine Idee, aber die verrate ich euch noch nicht. Kommt alle morgen früh um 5.35 Uhr hinunter zum See und bringt mir ordentliche Eintrittsgelder mit, denn meine Idee ist sehr genial." Nach dieser Mitteilung gehen alle Tiere schnell zu Bett, damit sie um 5 Uhr, wenn der Hahn sie verabredungsgemäß mit seinem Krähen weckt, wenigstens ein bisschen ausgeschlafen sind. Gemeinsam besorgen sie das Eintrittsgeld – zwei Frösche, drei Mäuse und fünf Schnecken – und gehen leise hinunter zum See, um auf die Spinne und den Uhu zu warten. Hinter den Büschen versteckt, schauen sie zu, wie Zippel, Zappel und Zuppel immer noch im Mondlicht so wild zappeln, dass man sie kaum auseinander halten kann. Sie sehen aus, als würde es ihnen nun gar keinen Spaß mehr machen. Da hören sie plötzlich dreimal hintereinander ein langgezogenes, monotones „Uhuuu", und zugleich sehen sie, wie sich die haarige, schwarze Spinne an ihrem silbernen Faden von einem Ast langsam hinunterlässt, gerade über den Köpfen der drei Zappeltiere. Der gelbe Fleck leuchtet geheimnisvoll im Mondlicht. Als Zippel, Zappel und Zuppel die Spinne über sich entdecken, reißen sie ihre Augen vor Erstaunen weit auf. Die Spinne beginnt sich ganz langsam an ihrem Faden von rechts nach links und wieder zurück zu schwingen, und zugleich ruft der Uhu sein lang gezogenes „Uhuuu, Uhuuu, Uhuuu". Als Zippel, Zappel und Zuppel wieder und wieder mit den Augen dem beweglichen gelben Fleck folgen, fühlen sie plötzlich in sich eine riesengroße, unwiderstehliche Müdigkeit. Alle drei lassen sich zu Boden gleiten und schlafen fest ein. Mit ihnen schlafen die Tiere des Waldes. Erst fünf Stunden später, die Sonne brennt schon ordentlich vom Himmel, wachen sie wieder auf. „Das war ein Traum", denkt Zippel. „Aber angenehm war es doch, wie ich plötzlich aufhören konnte mit Zappeln", denkt Zappel. „Ich habe wunderbar erholsam geschlafen", denkt Zuppel.

Und was das Merkwürdige ist: Wann immer Zippel, Zappel oder Zuppel in der Zeit nach dem Ereignis so heftig zappeln, dass es ihnen selbst keinen Spaß mehr macht, sehen sie vor ihrem inneren Auge einen leuchtenden gelben Fleck langsam hin- und herpendeln und hören vor ihrem inneren Ohr dreimal ein langgezogenes „Uhuuu, Uhuuu, Uhuuu".

Für die Eltern: Zippel, Zappel und Zuppel ... oder Wenn Kinder nicht zur Ruhe finden

Problemhintergrund

Die drei Geschwister Leo, Ludwig und Lena (Zwillingsbrüder im Alter von elf Jahren und ihre zehnjährige Schwester) leben nach der Scheidung der Eltern, die die gemeinsame Sorge behalten haben, jeweils eine Hälfte der Woche bei der Mutter und eine Hälfte beim Vater. Dieser Alltag bringt teilweise weite Fahrstrecken zur Schule und zu Freizeitveranstaltungen mit sich. Außerdem müssen sich die Kinder dauernd neu orientieren und an die konträren Lebensstile der Eltern anpassen. Alle drei Kinder leiden an Konzentrationsstörungen und haben in der Schule Probleme.

Ziel

Ziel der Geschichte ist es, den Kindern zu zeigen, wie sie lernen können, innezuhalten und sich zu beruhigen, wenn ihr Alltagsstress zu groß wird. In ihrem realen Leben erlernen die drei Geschwister das autogene Training als Hilfe zur Selbsthilfe.

Erzählweise

Die drei Kinder haben diese Geschichte selbst erfunden. Wie sie dabei vorgegangen sind und wie man Kindern beim Geschichtenerfinden helfen kann, ist im Kapitel „Geschichten mit Kindern gemeinsam erfinden“ nachzulesen (siehe Seite 146f.)

2. TEIL
VORLESEMÄRCHEN, DIE SICH AUCH AN DIE ELTERN WENDEN

Die blaue Brille

Der schrille Schrei eines Nachtvogels lässt Paul aus einem unruhigen Halbschlaf aufschrecken. In der Dunkelheit erkennt er schemenhaft Baumstämme. Unter sich tastend fühlt er weiches Moos und knorrige Wurzeln. Es riecht modrig nach Laub und feuchter Erde. Stille und dann wieder der Schrei des Nachtvogels, diesmal von weiter weg. „Wo bin ich? Was ist geschehen? Wie kam ich in diesen Wald, den ich nicht kenne? Ich habe mich verirrt." Allmählich tauchen vor Pauls innerem Auge Bilder auf. Es sind Schreckensbilder: Eine Feuersbrunst im Schloss, lodernde Flammen fressen sich gierig durch die stolzen Gebäude, die goldglänzenden Wände, die perlenbehangenen Decken, die spiegelnden Fußböden. Sie zerstören alles. Sein starker Vater König ist schäumend vor Wut auf seinem schwarzen Rappen fortgeritten. Seine wunderschöne Mutter Königin hat sich weinend von ihren Dienerinnen in ihrer silbernen Sänfte davontragen lassen. Und er, Prinz Paul, dem einmal alles gehören sollte, das herrliche Schloss, der streitbare Rappen, die weiche Sänfte, stand alleine im Schloss, als das große Feuer ausbrach. Er war weggelaufen, irgendwohin, nirgendwohin. So hatte er sich verirrt. Kalte Starre ist in Pauls Gliedern. Andere Bilder steigen in ihm auf. Er ist der Prinz, der mit einem goldenem Krönchen auf dem Kopf geboren wurde. Prinz Paulchen, den alle lieben. An seiner einen Seite geht die Königin. Sie küsst und herzt ihn. An seiner anderen Seite schreitet der König und zeigt ihm die Wunder der Welt. Die Hand, mit der die Königin ihn hält, ist trotz ihrer Zartheit stark und beschützend. Die Hand des Königs, die die seine führt, ist trotz ihrer Kraft geschmeidig und fürsorglich. Eine warme Welle durchfließt Paul. Mit klarem Blick sieht er, wie die Sonne hinter den Bäumen hervorlugt und dem Wald seine Farbe wiedergibt. Das Moos, auf dem er geschlafen hat, leuchtet smaragdgrün, das Laub ist braungrün, die Rinde der Baumstämme glänzt in graugrün mit purpurroten Adern. Die Tagvögel beginnen zu singen. Paul steht auf, um seine Eltern zu suchen.

Drei Tage läuft er, drei Nächte schläft er im Wald. Sein Blick ist der eines Kindes, klar und hell. Er findet rote Beeren und braune Pilze im Wald und isst. Er tritt zum Bach mit seinem kristallklaren Wasser und trinkt. Am Morgen des vierten Tages öffnet sich der Wald: Vor ihm auf einem hohen Felsen ragt eine graue Burg in den Himmel. Es dauert nicht lange, da liegt er weinend vor Wiedersehensfreude in den Armen seiner Mutter, der Königin, die diese Burg mit ihren Dienerinnen bewohnt. „Paulchen, mein Paulchen", schluchzt die Königin glücklich, „gut, dass du endlich wieder bei mir bist. Wir wollen nach dem entsetzlichen Geschehen für immer zusammenhalten." „Ja, Mutter, für immer", sagt Paul erleichtert und verschluckt die Frage: „Wo ist mein Vater, der König?" In den nächsten Tagen geht es Paul sehr gut. Seine Mutter verwöhnt ihn, wo sie nur kann mit neuen Spielsachen, seinen Lieblingsspeisen und vielem mehr. Sie ruft ihn zärtlich „Paulchen" wie damals. Paul bemerkt an ihrer Stimme etwas Sonderbares. Sie hat einen schmeichelnden, bittenden Tonfall angenommen und zugleich einen herrischen Klang, den er früher an seiner Mutter nie wahrgenommen hat. Er beobachtet sie aufmerksam und sieht noch andere Veränderungen. Ihre Haltung ist starr geworden, sie hat ihre Geschmeidigkeit beim Schreiten verloren, die Mundwinkel hängen ein wenig nach unten, und ihre Augen haben nicht mehr den früheren Glanz. Besonders die Augen seiner Mutter haben sich verändert. Vielleicht kommt das von der blauen Brille, die seine Mutter immer häufiger aufsetzt, schließlich Tag und Nacht trägt. Eines Tages kommt die Mutter zu ihm und setzt ihm eine ebensolche blaue Brille mit den Worten auf: „Du wirst ab jetzt dieselbe blaue Brille tragen wie ich. In dieser grauen Burg ist das nötig. Du wirst schon sehen." Paul sieht neugierig durch seine Brille. Die Welt ist blau: Sessel, Kronleuchter, Teppiche, sein Spielzeugpferd, sogar seine Hände und die Mutter, die vor ihm steht, alles ist blau, heller blau oder dunkler blau, eine andere Farbe gibt es durch die der Brille nicht mehr. „Wie lustig", ist Pauls erster Gedanke, „wie langweilig", sein zweiter. Gerade will er die blaue Brille absetzen, da fällt ihm etwas Seltsames an seiner Mutter auf. Die blaue Brille hat sie verändert. Sie steht vor ihm in der gleichen aufrechten und geschmeidigen Art wie vor dem großen Feuer. Um ihre Mundwinkel spielt ein freundliches Lächeln, ihre Augen strahlen. Ihre Stimme hat einen weichen vollen Klang, wenn sie zärtlich „Paulchen" sagt. Zum erstenmal, seitdem Paul seine Mutter wiedergefunden hat, spricht sie von seinem Vater. „Dein Vater, der diesen Namen nicht verdient, war ein grausamer, brutaler Tyrann. Er hat unser Schloss zerstört", sagt sie und beschreibt in allen Einzelheiten die Grausamkeiten des Königs. Beim Zuhören ist Paul die blaue Brille ein wenig von der Nase gerutscht. In klaren Farben sieht er sich selbst an der Hand seines Vaters gehen. Der Vater zeigt ihm freundlich und geduldig die Wunder der Welt. „Zieh sofort deine Brille auf", befiehlt die Mutter. Sie holt Klebeband und fährt fort: „Ich werde sie dir ordentlich festkleben, damit du keinen Schaden leidest. Du wirst sie artig tragen, mein Paulchen! Du hast mich doch lieb. Ich bin deine Mutter, die für dich sorgt. Der Herr König hat uns beide grausam verlassen." Seit dieser Stunde trägt Paul seine blaue Brille und gewöhnt sich daran. Er hat eine freundliche, liebevolle Mutter, die ihm jeden Wunsch erfüllt. Das ist alles, was er will.

Eines Tages, als Paul beim Angeln am Burgteich sitzt, steht unversehens ein Ritter in prächtiger Kleidung vor ihm. „Paul, du bist mein Sohn Paul“, ruft er, „endlich habe ich dich wiedergefunden. Deine Mutter hat dich vor mir versteckt.“ Paul schreit auf, lässt seine Angel fallen und rennt so schnell er kann zur Burg. Furchterregende blaue Bilder von den Gräueltaten des tyrannischen Königs rasen durch seinen Kopf. Als er die Begegnung seiner Mutter erzählt, versucht die Königin, ihre eigene Erregung zu unterdrücken und ihren Sohn zu trösten: „Wir werden dich ab jetzt gut verstecken. Du wirst Tarnkleidung tragen. Dich wird immer ein Diener begleiten.“ So geschieht es. Aber der König, der seinen Sohn endlich wiedergefunden hat, ist mächtig und stark. Ihm gelingt es, Paul wieder zu begegnen und Paul diesmal nicht entwischen zu lassen. Als der Vater ihn festhält, schreit Paul ihm in seiner Angst ins Gesicht: „Du bist ein grausamer Tyrann. Du hast den Gärtner und die Köchin geschlachtet. Du hast die Frau Königin in ihrer Sänfte gefesselt und dann hast du unser Schloss angezündet!“ „Höre doch, Paul, das war alles anders“, ruft der König erschrocken, „deine Mutter lügt“. Aber Paul hört nicht. Er hat die blauen Bilder des Schreckens vor Augen und schreit unentwegt dieselben Worte: „Tyrann, Tyrann, Mörder, du und deine Diener, Mörder. Lass mich in Ruhe!“ Da bemerkt der König die sonderbare blaue Brille vor den Augen seines Sohnes. Ihm kommt ein böser Verdacht. Er greift nach der Brille und zieht kräftig. Doch die blaue Brille sitzt fest. Verzweifelt lässt der König von seinem Sohn ab. Mehrfach wiederholt er den Satz: „Es war alles anders“, während er seinem fliehenden Sohn nachblickt. Danach begibt er sich zu seinen Ministern, um sich Rat zu holen. Auf dem Weg in sein Schloss steigt wilde Wut in ihm auf: „Dieser gemeinen Frau Königin werde ich es zeigen!“ Der Minister, den der König befragt, zieht seine Stirn in Falten und antwortet: „Herr König, Sie werden es nicht schaffen, Ihrem Sohn die blaue Brille von den Augen zu reißen. Die Frau Königin hat einen Zauberkleber verwendet. Deshalb rate ich Ihnen zu warten, bis Prinz Paul erwachsen ist. Dann wird ihm die Brille zu klein und von der Nase fallen." Der König bedankt sich, befolgt den Rat und wartet ein Jahr, zwei Jahre, drei Jahre. Er wartet volle sieben Jahre, bis er einsehen muss, dass die blaue Brille mit seinem Sohn mitwächst. Wann immer der König seinem Sohn begegnet, was ihm nur noch im Beisein von Dienern der Königin möglich ist, schreit Paul den Vater mit denselben Worten an: „Tyrann, Tyrann, Mörder du und deine Diener, Mörder. Lass mich in Ruhe!"

In seiner Ratlosigkeit und ohnmächtigen Wut auf die Königin sucht der König einen Einsiedler auf. Es ist ein alter Mann mit eisgrauem Bart, der den König geduldig anhört und dann spricht: „Keine Macht der Welt kann deinem Sohn die blaue Brille von den Augen nehmen und ihm den klaren Blick der Kindheit wiedergeben. Auch du und ich, wir tragen unsichtbare Brillen, die uns das Leben aufgedrückt hat. Wir wissen beide nicht mehr, wie die Welt ohne Brille aussieht. Unsere Brillen vereinfachen die Welt. Sie helfen, uns in den Wirren des Lebens zurechtzufinden. Die blaue Brille deines Sohnes aber ist gefährlich. Sie hindert ihn daran, ein erwachsener Prinz und später ein König zu werden. Deshalb will ich dir helfen. Es ist wichtig, dass du meine Anweisung genau befolgst. Sonst wirst du scheitern. Gehe drei Tage lang in die Richtung Osten und sprich beständig die folgenden Worte: „Die Frau Königin ist eine liebevolle Mutter." Wenn du am vierten Morgen bei Sonnenaufgang bemerkst, dass du noch immer denkst: „Aber das ist nicht wahr", gehe solange weiter nach Osten, bis der Satz dich erfüllt: „Die Frau Königin ist eine liebevolle Mutter." Dann wirst du vor dir einen alten Baumstamm sehen. In seinem Inneren findest du tausend goldene Blätter, ein kleines gelbes Netz und eine gelbe Brille. Nimm die Gegenstände an dich, schreibe sorgfältig auf jedes der goldenen Blätter den Satz, der dich nunmehr erfüllt, und streue sie über die graue Burg der Königin. Lasse dich von einigen vertauenswürdigen Dienern begleiten und fange mit dem gelben Netz deinen Sohn Paul. Bringe ihn an einen Ort, an dem du mit ihm allein bist und zieh ihm die gelbe Brille über seine blaue Brille. Es kann geschehen, dass Paul die gelbe Brille zornig herunterreißen wird. Gedulde dich, es wird nicht lange dauern, bis er sich an die neue Brille gewöhnt hat und sie gerne trägt. Und nun geh!“

Der König tut, was ihm der Einsiedler befohlen hat. Alles geschieht, wie vorhergesagt. Als der König Paul das erste Mal die gelbe Brille über die blaue zieht, schreit Paul vor Zorn und kneift die Augen zu, um nichts sehen zu müssen. Langsam siegt seine Neugier. Er öffnet die Augen für einen kleinen Moment. Was er wahrnimmt, fasziniert ihn so, dass er jedes Mal, wenn der König ihm die gelbe Brille aufsetzt, ein wenig länger hindurchblinzelt, bevor er sie schreiend fortwirft. Letztlich behält Paul die gelbe Brille über seiner blauen Brille auf. Die neuen Bilder geben ihm auf eine seltsame Weise ein Gefühl von Ruhe und innerem Frieden. Die Welt hat grüne Farbtöne angenommen: saftiges Grün wie das Gras im Frühling, Smaragdgrün wie das Moos, Graugrün wie die Baumstämme im Wald, Braungrün wie das Laub. Das sonderbarste ist: Paul gewahrt an seiner Mutter, der Frau Königin, das Lächeln um den Mund ebenso wie die herben Züge und an seinem Vater, dem König, zugleich die hervortretende Zornesader auf der Stirne wie die zärtlich dreinblickenden Augen. Paul sieht das Helle und das Dunkle an beiden Eltern, und er sieht, dass sie ihn beide lieben.

Für die Eltern: Die Blaue Brille ... oder Die Entfremdung eines Elternteiles

Problemhintergrund

Der neunjährige Paul lebt seit der Trennung seiner Eltern bei seiner Mutter, deren Lebensinhalt das Kind ist. Sie gibt dem Vater die Schuld am Scheitern der Ehe und kehrt gegenüber dem Kind ausschließlich die negativen Seiten des Vaters hervor. Anfangs erzählt Paul von schönen Erinnerungen an den Vater, begegnet dabei aber dem Unwillen der Mutter und muss sich Zurechtweisungen gefallen lassen. Bald teilt Paul das Vaterbild seiner Mutter, ja er erfindet Szenarien, mit denen er die Mutter noch übertrumpft. „Der Vater stinkt nach Leichen." „Er hat mich ohne Abendessen ins Bett geschickt." Auf einen von mir vermittelten Umgang reagiert Paul positiv. Er legt u.a. seinen Kopf in den Schoß des Vaters. Als er der Mutter freudig von der Begegnung berichtet, muss er sich bittere Kritik anhören. Von nun an ist Paul in seiner einseitigen Haltung gefestigt. Der Vater ist der Hässliche und Böse, die Mutter die Schöne und Gute. Paul ist ein so genanntes PAS-Kind (parental alienation syndrom) geworden.

Ziel

Das Märchen will vor Schwarzmalerei warnen und betroffenen Eltern Hilfen bieten.

Empfehlungen für den entfremdeten („bösen") Elternteil:

Versuchen Sie sich nicht vor Ihren Kind reinzuwaschen. Es wird Ihnen nicht gelingen.

Weisen sie dem anderen Elternteil nicht die Schuld zu. Da Ihr Kind die „blaue Brille" trägt, wird es Ihnen ohnehin nicht glauben. Erwachsenenbeweise zählen vor Kindern nicht.

Erkennen Sie an, was der andere Elternteil für das Kind leistet. In aller Regel bringt er große Opfer und wird vom Kind dafür geliebt.

Wecken Sie die Neugier Ihres Kindes. Präsentieren Sie ihm einen Elternteil, den es noch nicht kennt, so dass die alten Vorurteile nicht greifen.

Empfehlungen für den entfremdenden („guten") Elternteil:

Bedenken Sie, dass der „Gute" für das Kind so schädlich ist wie der „Böse", wenn Ihr Kind unter Schwarzweißmalerei „leidet". Sorgen Sie für die Grautöne in Ihrem eigenen Bild und für freundliche Farben im Bild des anderen. Das schulden sie Ihrem Kind.

Bedenken Sie, dass alle Opfer, die Sie Ihrem Kind bringen, vergeblich sind, wenn es ihnen nicht gelingt, Ihr Kind von der Schwarz-Weiß-Malerei zu befreien.

Bedenken Sie, dass derselbe Mensch, der Sie als Gatte tief gekränkt hat, für Ihr Kind zur gleichen Zeit ein vollwertiger Elternteil gewesen ist und dass sie dem Kind diesen Elternteil nehmen, wenn Sie mit dem Kind Ihre negativen Gefühle teilen.

Bedenken Sie, dass sich die negative Haltung, die Ihr Kind jetzt gegen den anderen Elternteil einnimmt, später mit derselben Kompromisslosigkeit gegen Sie wenden wird.

■ *Erzählweise*

Kinder im Scheidungstrauma verlieren die Orientierung. Ihre Situation entspricht der von Prinz Paulchen beim ersten Erwachen. Das Erlebnis des Alleinseins erklärt, warum das Kind bereit ist, sich der Mutter bedingungslos zu unterwerfen. Es will nicht wieder allein gelassen werden. Die Metapher der beiden Brillen will verdeutlichen, dass Vorurteile unvermeidbar sind und dass es für ein Kind kein Zurück mehr in die frühere Unvoreingenommenheit gibt, sondern nur ein Voran zu neuen Lebenserfahrungen einschließlich der damit verbundenen neuen Vorurteile. Zum Erwachsenwerden braucht ein Kind die väterliche und die mütterlich Weltsicht und die darin begründeten Vorurteile.

Clown Popow

Sibirsk liegt im fernen Russland, weit hinter dem Uralgebirge, in der moos- und flechtenbewachsenen Tundra. Dort lebt Igor, er ist fünf Jahre alt und geht seit kurzem in die Schule; nicht in die richtige Schule, sondern in eine Spielschule. Igor hat blonde Haare, ist hoch aufgeschossen, dünn und hat immer Schmutz unter den Fingernägeln. Kurz, er sieht aus wie ein ganz normaler Junge mit hellen, wachen Augen.

Alle im Dorfe kennen Igor, jeder kennt hier jeden, so klein ist das Dorf. Igors Vater ist Bürgermeister. Er ist der wichtigste Mann im Dorf, weil er zugleich auch Wirt im einzigen Gasthof ist. Deshalb hat er nie Zeit für Igor.

Einmal gab es große Aufregung im Ort. Wer gerade nichts anderes zu tun hatte, stürzte auf die Straße, um nachzusehen, was das für ein Lärm sei. Ein Zirkus zog ein, kein großer Zirkus, kein berühmter Zirkus, aber der erste Zirkus, der jemals seinen Weg durch Sibirsk nahm. Voran schritt würdig der Zirkusdirektor mit Zylinderhut, neben ihm ging der Elefant, dann kamen drei bunte Wagen, dahinter Pferde, Esel, Hunde und Affen. Den Abschluss bildete der Clown mit der roten Nase. Er war umgeben von einer Schar aufgeregt herumflatternder Hühner. Jedes Mal, wenn der Clown gackerte, legte eines der Hühner ein Ei – oder es schien zumindest so als ob.

Am nächsten Tag war schulfrei. Wer laufen konnte, ging in den Zirkus. Eine Zirkusprinzessin ritt zunächst stehend auf dem rechten von zwei Pferden, dann auf dem linken, abschließend auf beiden. Ein Hund löste Rechenaufgaben, wie es alle Zirkushunde tun. Die Affen trieben Schabernack und machten stets das Gegenteil dessen, was sie sollten. Sie waren so ungehorsam, dass die Kinder vor Begeisterung kreischten. Dann trat noch einmal die Zirkusprinzessin auf, diesmal als Trapezakrobatin hoch oben in der Zirkuskuppel, ehe ein Trompetenstoß den Höhepunkt der Vorstellung ankündigte. Popow, „der Clown mit der leuchtend roten Nase", und der Elefant Pipiw betraten die Manege. „Popo und Pipi", riefen die Kinder und hielten sich vor Lachen die Bäuche. Popow spielte Trompete, kletterte, stolperte, purzelte und ... zauberte. Im Zirkus wimmelte es plötzlich von Hühnereiern, die auftauchten, wo sie niemand vermutete, eines sogar in Igors Hosentasche, und wieder verschwanden, ohne dass sich jemand erklären konnte, wohin. Währenddessen hatten zwei Stallburschen unbeobachtet eine Wanne mit Wasser ins Zelt getragen. Der Elefant nahm schnell einen Rüssel voll Wasser und spritzte ihn schnaubend über die schreienden Zuschauer. Als Popow es ihm verbieten wollte, bekam er eine Extraladung Wasser ab. Um einer weiteren unfreiwilligen Dusche zu entgehen, rettete sich Popow auf den Rüssel des Elefanten. Jetzt ging das Licht aus. Man sah nur noch die leuchtend rote Clownnase. Dieser rote Lichtpunkt stieg höher und höher und verschwand schließlich durch die Öffnung in der Zirkuskuppel. Dann ging das Licht wieder an. Die Manege war leer, die Zirkusvorstellung vorbei. Die Kinder tobten und klatschten, trampelten mit den Füßen und riefen bravo. Dann gingen alle, noch ganz benommen von dem Erlebnis, nach Hause.

In der Nacht träumte Igor, wie alle Kinder, vom Zirkus. Er selbst war Popow, der im Lichte seiner roten Nase trompetete, turnte und zauberte. Es war haargenau wie nachmittags im Zirkus. Sogar der Elefant war da und spritzte ihn von Kopf bis Fuß nass. Igor erwachte und hatte vor Aufregung ins Bett gemacht, wie alle fünfjährigen Jungen und Mädchen aus Sibirsk, die in dieser Nacht vom wasserspeienden Elefanten geträumt hatten.

Am nächsten Morgen schalt die Mutter Igor und verbot ihm, in den Zirkus zu gehen. Als die anderen Kinder nachmittags zum Zirkus strömten, schloss Igor sich ihnen trotzdem an. Popow zauberte wie am ersten Tag ein Ei in Igors Hosentasche. Der Elefant spritzte alle nass. Es war so schön, dass Igor beschloss, später einmal Clown zu werden. Die Mutter sah Igors freudig gerötetes Gesicht und schickte ihn ohne Essen zu Bett, weil er ihr nicht gehorcht hatte, und drohte: „Wenn du diese Nacht ins Bett machst ..." Vor Angst wagte Igor nicht einzuschlafen. Aber schließlich übermannte ihn doch ein tiefer Traumschlaf. Er war wieder Popow, ließ sich vom Elefanten mit Wasser bespritzen – und erwachte im nassen Bett.

Diesmal ging die Mutter mit ihm zum Doktor. Dieser erklärte, Igor vertrage die Aufregung nicht, verschrieb Baldriantropfen und erteilte striktes Zirkusverbot. Den Tag über verkroch sich Igor, so dass keiner seiner Freunde ihn finden konnte. In der folgenden Nacht hatte er schwere, wirre Träume. Mal war er der Elefant, mal der Clown. Ihm misslang jedes Kunststück. Am nächsten Morgen fühlte er sich so müde, als habe er nicht geschlafen. Aber sein Bett war trocken. An diesem Tag war Igor zum ersten Mal mürrisch. Als seine Freunde nachmittags zum Zirkus zogen, winkte er ab: „Heute habe ich keine Lust", sagte er. Er dachte, er würde sich sonst wieder so aufregen, dass er nachts wieder ins Bett machen würde und nochmals zum Doktor müsste. Das war ihm so zuwider, dass er keine Lust mehr auf den Zirkus hatte.

Nach einer Woche beendete der Zirkus sein Gastspiel. Zum Abschied zog er nochmals mit Pauken und Trompeten durch das Dorf, voran der Zirkusdirektor und der Elefant, am Ende Popow mit seiner roten Nase, umgeben von flatternden Hühnern. Die Kinder standen am Straßenrand und jubelten. Igor war nicht dabei.

In den darauf folgenden Wochen wurde in der Schule mehr gezaubert als gelernt. Igor kannte die meisten Tricks, verlor aber als erster die Freude daran. „Das Leben ist zu ernst für solche Kindereien", sagte er mit strenger Miene. Kam die Rede auf den Zirkus, schüttelte Igor den Kopf und meinte: „Popo und Pipi, wer darüber lachen kann, macht sich doch lächerlich."

Das Jahr ging um, und Igor kam in die richtige Schule. Er ist ein guter Schüler, der einmal seinen Weg machen wird. Manchmal aber träumt er noch von Popow mit der roten Nase und dem Elefanten Pipiw. In seinem Traum sitzt er in der letzten Reihe des Zirkus und beneidet die Kinder, die so sehr bei der Sache sind, dass sie nachts ins Bett machen werden.

Für die Eltern: Clown Popow ... oder Verhaltensstörungen sind normal

■ *Problemhintergrund*

Dieses Märchen hat keinen Einzelfall als Grundlage, sondern eine Standardsituation: Die Eltern haben sich getrennt. Einer von beiden ist aus der Ehewohnung ausgezogen. Die Kinder, meist jüngere Kinder, erleben das als Verlust. Unter ihren Gefühlen dominiert die Angst, den verbleibenden Elternteil auch noch zu verlieren. Jeder Besuch beim anderen Elternteil ist für sie wie ein Wechselbad, weil sie binnen kurzer Zeit zweimal einen Abschied und zweimal ein Wiedersehen mit einem ihrer Eltern erleben. Gesunde Kinder reagieren auf diese psychischen Strapazen mit Regressionen und Verhaltensstörungen (Einnässen, Einkoten, Schlafstörungen, Appetitlosigkeit, Schulschwierigkeiten u. ä.). Wenn ein Kind auf die

Trennung der Eltern scheinbar nicht reagiert, ist es krank. Der Elternteil, bei dem das Kind wohnt, bemüht sich darum, dass das Kind wieder zur Ruhe kommt. Häufig gibt er dem anderen Elternteil die Schuld an den Störungen. Das zeitliche Zusammentreffen zwischen den Besuchen und den Verhaltensstörungen scheint Beweis genug für den ursächlichen Zusammenhang.

■ *Ziel*

In Wahrheit liegt die Ursache tiefer: Sie liegt in der Trennung der Eltern. Die Aussetzung des Umgangs heilt die Verletzung des Kindes nicht. Die Störungen lassen sich zwar kurieren, die Kinder kommen zur Ruhe, aber der Preis ist hoch, etwas in ihnen stirbt ab. Das Märchen vom „Clown Popow" will dies den Eltern verdeutlichen.

■ *Erzählweise*

Die leuchtend rote Clownnase ist das Symbol für Lebensfreude, die kalte Dusche das Symbol für Schicksalsschläge. Die Träume veranschaulichen die beiden Möglichkeiten, zwischen denen Eltern wählen können. Entweder Kinder dürfen der Clown sein und Freude wie Schicksalsschläge am eigenen Leib erleben, oder sie sind dazu verurteilt, Zuschauer in einer Arena zu bleiben, in der andere als Clowns und Elefanten agieren.

Frau Rosamunde

Dort, wo die Klippen steil ins tosende Meer abbrechen, weitab aller menschlichen Behausungen, steht das Schloss von Frau Rosamunde. In diesem Schloss wohnt sie alleine mit wenigen altvertrauten Dienerinnen. Das war nicht immer so. Vor wenigen Jahren noch lebte sie in der Stadt und ritt jeden Tag auf dem Rücken ihres edlen Schimmels durch die breiten, prunkvollen Straßen. Sie trug rotseidene Gewänder und kostbar glitzernden Schmuck. „Da kommt Frau Rosamunde, die tausendmal Schöne“, sagten die Stadtbewohner neidisch und ehrerbietig zugleich.

Dann aber widerfuhr ihr großes Leid, und sie verließ fluchtartig die Stadt. Sie schwor, nie mehr an den Ort zurückzukehren, in dem ihr Böses getan worden war. Frau Rosamunde hatte außer ihren Dienerinnen ein Vögelchen in ihr einsames Schloss mitgenommen. Das nannte sie Goldkehlchen. Es war ein munterer, kleiner, zierlicher Gesell mit goldbraun glänzenden Federn und zartem gelbem Flaum auf der Brust. Goldkehlchen konnte wunderschön singen. Frau Rosamunde verbrachte ihre Tage damit, sich mit ihrem Vögelchen zu beschäftigen. Sie ließ es in einer silbernen Schale baden und trocknete danach sein Gefieder mit ihrem eigenen Atem, und sie sang mit ihm die schönsten Lieder. Oft saß sie neben seinem Käfig am Fenster und schaute Goldkehlchen liebevoll und mit Wärme im Herzen an. Frau Rosamunde liebte ihr Vögelchen mehr als sich selbst.

Eines Tages bemerkte sie, dass Goldkehlchen nicht mehr so viel sang wie früher. Vor allem am Abend, wenn die Sonne ins Meer tauchte, stimmte es wehmütige Lieder an und sandte sie in Richtung Stadt, hin zur alten Heimat. Zunächst wollte sie nicht wahrhaben, was sie längst wusste, aber als ihr geliebtes Vögelchen immer matter und trauriger wurde und sie beobachtete, wie es nur ihr zuliebe frohe Lieder sang, da sagte eine unerbittliche Stimme in ihr: „Goldkehlchen hat Sehnsucht nach der Stadt – lass es hinfliegen." Sie erschrak zutiefst, Angst durchzitterte sie, und sie antwortete: „Niemals. Die Stadt hat mich verletzt, und mein Vögelchen ist schwach, es wird in der Stadt leiden." Die unerbittliche Stimme schwieg. In der Nacht kam ein schrecklicher Traum zu Frau Rosamunde. Sie sah eine Schnecke, die hinten in ihrem Haus festklebte, nicht einmal mehr die Fühler aus dem Schneckenhaus strecken konnte und die unter vergeblichen, qualvollen Bemühungen elend verhungerte. Schweißgebadet und von panischem Schrecken erfüllt erwachte Frau Rosamunde. Die gebieterische Stimme in ihr sagte: „Lass Goldkehlchen fliegen!" Sie eilte zum Käfig, sah ihr geliebtes Vögelchen traurig da sitzen, aber gleichzeitig fielen ihr auch wieder die alten Bilder ein, wie sie von der Stadt gekränkt worden war, und sie dachte, ihr Vögelchen würde dort genauso leiden müssen. „Nein, niemals!", sagte sie laut. Und dann begann sie, Goldkehlchen wie gewohnt zu baden. In der folgenden Nacht hatte sie wieder einen qualvollen Traum. Sie sah einen braunen Hasen, der vor dem Fuchs tief unter die Erde floh, so tief ins Dunkel, dass er, als er endlich wieder ans Licht fand, blind war. Und wieder befahl ihr die unerbittliche Stimme beim Aufwachen: „Lass Goldkehlchen losfliegen!" Aber wieder überkam sie die Erinnerung an das Schreckliche, und furchtbare Angst erfasste sie. Und wieder sagte sie: „Nein." In der dritten Nacht war der Traum, der sie heimsuchte, noch schrecklicher als die vorangegangenen. Ihr träumte, eine fremde junge Frau wickele ihr Neugeborenes langsam und liebevoll von den Füßchen zum Kopf in lange, weiße, kostbare Spitzenbänder. Und als die Fremde das Köpfchen des Kindes umhüllte, tat sie es mehrfach und sorgfältig, bis der kleine Körper nicht mehr bebte und kein Laut mehr zu hören war. Mit einem Schrei wachte Frau Rosamunde auf und stürzte zum Käfig ihres Lieblings. Zitternd band sie ihm ein silbernes Glöckchen um den Hals und befestigte ein ebensolches am Fensterbrett. Dann öffnete sie den Käfig und das Fenster. Goldkehlchen plusterte sein schönes Gefieder auf und flog davon. Das Glöckchen an seinem Hals und das Glöckchen am Fenster klangen einen Augenblick gemeinsam. Aber dieses harmonische Klingeln gab Frau Rosamunde nur für einen kurzen Moment das Gefühl von Sicherheit, dann erfasste sie eine große Angst. Sie kam erst wieder zu Sinnen, als sie hörte, wie die Glöckchen wieder zart miteinander klangen. Die Sonne ging gerade rotglühend im schäumenden Meer unter, und Goldkehlchen saß wieder in seinem Käfig. Voll Freude lief sie zu ihm hin, aber wie sah es aus! Sein Gefieder war zerrupft und zerzaust. Der goldene Flaum war mit etwas Dunklem, Schmierigem verklebt, war es Blut? In Frau Rosamunde tauchten die alten Erinnerungen wieder auf, und sie erzitterte bei dem Gedanken, dass ihr Goldkehlchen in der Stadt vielleicht verletzt worden war.

Während der folgenden Nacht schlief Frau Rosamunde nicht, aus Furcht vor einem schlimmen Traum. „Nie wieder", sagte sie, „nie wieder lasse ich es ziehen, ich kann es nicht." Als sie am Morgen übernächtigt zu ihrem Goldkehlchen kam, saß das Vögelchen schon erwartungsvoll am Käfiggitter und sang sein Lied von der Sehnsucht nach der Stadt. Frau Rosamunde sagte „nein" und versuchte mit liebevoller Aufmerksamkeit das Vögelchen von seiner Sehnsucht abzulenken. Das gelang ihr auch eine ganze Weile. An manchen Nachmittagen aber wurde Goldkehlchen matt und lustlos und einmal sogar richtig böse. Zum ersten Mal hackte es nach ihr. Da zog sie ihm mit zitternden Händen das Glöckchen an und ließ es in die Stadt fliegen.

Frau Rosamunde verbrachte den Rest des Tages krank vor Angst und Hilflosigkeit. Als die Sonne sank, klangen beide Glöckchen wieder zugleich, und Goldkehlchen kehrte in seinen Käfig zurück. Frau Rosamunde spürte für einen Augenblick in sich das beglückende Gefühl von Liebe und Sicherheit. Da begann ihr Liebling zu singen, und seine Lieder waren die Lieder der Stadt, Lieder, die sie daran erinnerten, wie sie zutiefst verletzt worden war. Die alten Bilder kehrten zu Frau Rosamunde zurück, und auch die alten Gefühle der Verletzung. „Nein!“, schrie sie und schloss den Käfig ab. Am nächsten Tag war Frau Rosamunde sehr krank. Sie flehte Goldkehlchen an, nur heute nicht diese sehnsuchtsvollen Lieder zu singen und nur das eine Mal wieder froh bei ihr zu sein. Das Vögelchen bemühte sich, doch seine Sehnsucht war stärker, und schließlich öffnete Frau Rosamunde tränenüberströmt den Käfig. In ihrer Angst und Schwäche vergaß sie, ihrem Liebling das Glöckchen anzubinden. Als sie es bemerkte, brach sie zusammen und fühlte sich begraben unter Einsamkeit und Verlassensein. Erst der harmonische Gleichklang von zwei Glöckchen ließ sie wieder erwachen. Ihr Liebling saß in seinem Käfig und schaute sie liebevoll und mit wachen Augen an. Es ahmte den Klang des Glöckchens mit seiner goldenen Kehle nach. Ihr Vögelchen war lebendig und voller Lebensfreude, seine Lieder waren neu, die Art, wie es sein Gefieder spreizte, um ihr zu gefallen, erweckte ihre Neugier. Frau Rosamunde spielte mit ihrem Liebling und freute sich zum ersten Mal an seiner Freude.

Für die Eltern: Frau Rosamunde ... oder Liebe bedeutet loslassen können

Problemhintergrund

Oliver ist zweieinhalb Jahre alt. Der Vater hat ihn und die Mutter vor kurzem wegen einer anderen Frau verlassen. Die Mutter ist zutiefst gekränkt. Sie zieht mit Oliver in eine andere Stadt und macht es dem Vater unmöglich, seinen Sohn zu sehen. Sie begründet ihre Entscheidung damit, dass es ihr unerträglich sei, ihr Liebstes einem Menschen anzuvertrauen, der ihr Vertrauen missbraucht habe. Oliver reagiert auf die Trennung mit weinerlich-quengeligem Verhalten, das die Mutter als eine Reaktion auf den Ortswechsel deutet.

Ziel

Ich erzähle dieses Märchen der Mutter. Die Metapher soll ihr die Augen dafür öffnen, dass ihr Sohn den Vater vermisst und darunter leidet. Darüber hinaus erklärt die Metapher, dass Liebe zum Kind loslassen bedeutet und damit eine Entscheidung dafür, dass das Kind seine eigenen Erfahrungen machen darf und seine eigenen Beziehungen aufbauen soll, unabhängig von den Erfahrungen der Mutter.

Erzählweise

In meiner Erzählung gebe ich das innere Zwiegespräch vieler Mütter und Väter in ähnlichen Situationen wieder. Einerseits sagen sie: „Ja, das Kind braucht Mutter und Vater, um gesund aufzuwachsen", andererseits sagen sie: „Aber für mein Kind gilt das nicht, weil dieser Mensch meinem Kind schadet." Ich schildere den Besitzanspruch, der hinter dieser Denkweise steht ebenso wie die Gefühle von Angst und Schmerz, die mit dem Loslassen von Kindern einhergehen. Die Hilfe im Märchen kommt aus dem Naturgesetz, dass Heranwachsen ein schrittweises Ablösen und Loslassen bedeutet.

Der Weinstock und der Apfelbaum

Nur die ganz Alten wissen noch, dass es, lange, lange vor ihrer Zeit, eine Zeit gab, als die Bäume nicht nur einen Schatten, sondern auch eine Seele und eine Stimme hatten, eine Stimme, die die Seele zum Klingen brachte. Große Bäume hatten eine tiefe Stimme, kleine Bäume eine höhere. Sträucher konnten mit der Stimme rascheln. Weithin zu hören war die Glockenblume. Die Gräser hatten dagegen einen ganz zart sirrenden Klang, weil ihre Seele so fein war, so dass es eines geübten Ohres bedurfte, um sie zu hören. Tagsüber verrichteten alle Pflanzen ihr Tagewerk. Am leichtesten hatten es die Sonnenblumen, die morgens ihre Blüten der Sonne entgegenstreckten und ihr dann bis zum Untergang folgten, und die Rosen, die nur ihre Blütenblätter zu öffnen und ihren Duft in die Welt zu verströmen brauchten. Schwieriger war es für andere Blumen, die reichlich Nektar für Bienen und Hummeln pressen mussten. Die größte und gröbste Arbeit aber hatte der Apfelbaum zu leisten. Kannenweise musste er Wasser in die Krone saugen. Jedes Würzelchen war im Einsatz, die Rinde bekam vor lauter Anstrengung Schwielen. Den großen Ansprüchen der Äpfel an Obstzucker, Vitaminen und Duftstoffen konnte er kaum nachkommen. Ähnlich schwer hatte es der Weinstock, dessen Trauben unablässig forderten: mehr Zucker, mehr Zucker. So kam es, dass Apfelbaum und Weinstock oft noch nach Sonnenuntergang bei der Arbeit waren, wenn die anderen Pflanzen sich schon wohlig in der Dunkelheit wiegten. Das gemeinsame Los verband beide. Sie schlossen Freundschaft, und diese Freundschaft war so tief, dass der Weinstock seinen Haupttrieb um den Stamm des Apfelbaumes rankte. Bis tief in die Nacht tuschelten Apfelbaum und Weinstock miteinander und entschädigten sich dadurch reichlich für die Mühen des Tages.

Manchmal kam der Wind zu Besuch ins Pflanzenreich, am liebsten abends, wenn alle, auch Apfelbaum und Weinstock, sich in Ruhe wiegten. Der Wind spielte mit den Pflanzen und erlaubte auch, dass sie mit ihm spielten. Da war ein Rauschen und Rascheln, ein Pischpern, Wispern und Kichern. Am ärgsten trieben es das Springkraut und seine Freundin, die Knallerbse, die nur Schabernack im Sinne hatten. Sie alberten so lange herum, bis die Bartnelke zur Ruhe gemahnte. Langsam wurden die Töne leiser und erloschen schließlich. Dann waren auch die Streitereien des Tages vergessen, der Kampf um den sonnigsten Platz und die besten Nährstoffe aus der Erde und auch die dauernde Rivalität zwischen Kräutern und Unkräutern. Kurzum, es ließ sich gut leben im Pflanzenreich.

Eines Tages aber kamen drei Männer mit Brillen und weißen Kitteln, die brachten Stative, Mikroskope, Pinzetten und viele andere Instrumente mit. Sie nahmen Proben, maßen, rechneten, verkleinerten, vergrößerten und diskutierten. Am meisten interessierte sie das Mostgewicht, der Zuckergehalt der Weintrauben. Aber auch beim Apfel entdeckten sie ein „Mostgewicht", und auch dafür interessierten sie sich sehr. Die Brennnessel und ihre große Sippschaft der Taubnesseln hingegen ließen die Männer in den weißen Kitteln zu deren großem Vergnügen links liegen, sie hatten kein „Mostgewicht" zu bieten. Am siebten Tage fassten die Männer einen Entschluss, zeichneten einen Plan und verließen dann die Gegend. Wenig später kamen viele Gärtner mit blauen Arbeitsanzügen und hatten Äxte, Spaten, Sägen sowie allerlei Pflanzgerät bei sich. Sie sprachen wenig miteinander, sie sägten, rodeten, jäteten und pflanzten vom Morgen bis zum Abend. Es staubte und krachte, es dröhnte und stöhnte den ganzen Tag im Pflanzenreich. Zwischendrin verglichen die Gärtner ihr Werk mit dem Plan der Männer in Weiß, den sie getreulich befolgten. Irgendwann nickten sie zufrieden, schulterten ihr Werkzeug und gingen davon. Der Apfelbaum wagte erst nicht, der wieder eingekehrten Ruhe zu trauen. Als er schließlich doch die Augen öffnete, fand er die Welt verändert. Es war lichter um ihn geworden, er konnte sich nach rechts und links neigen und nach Herzenslust seine Zweige schütteln, ohne jemanden dadurch zu stören. Ein Gefühl der Befreiung wollte sich in ihm breit machen. Aber dann blickte er um sich. Von der Brennnessel und ihrer Sippschaft der Taubnesseln fehlte jede Spur. Auch das fröhliche Springkraut und seine Freundin, die Knallerbse, konnte er nicht mehr entdecken. Dann blickte er zu den Rosen und Glockenblumen hinüber und spürte die Sonne auf seinem Stamm. Stamm? Erst jetzt bemerkte er, dass der Weinstock nicht mehr da war, und es fröstelte ihn trotz der Wärme.

Noch schlimmer erging es dem Weinstock. Die Männer in den weißen Kitteln hatten ihm ein höheres Mostgewicht verordnet und ihn deshalb an die Sonnenseite eines Berges verpflanzt. Er bekam Kalk und Hornspänedünger als Nahrung und als Halt einen ordentlich dicken Pfahl aus geschältem Kiefernholz. Außerdem wurden seine Triebe gründlich zurückgestutzt. Die Weintrauben wuchsen und reiften nun wie von selbst. Die Plackerei von früher hatte ein Ende. Aber jedes Mal, wenn der Weinstock den Pfahl aus geschältem Kiefernholz unter seinen ausgreifenden Trauben spürte, vermisste er die zärtlich raue Rinde des Apfelbaumes und das nächtliche Getuschel. Es juckte und zuckte in seinen Wurzeln, als könne er sie aus der Erde reißen und zu Fuß oder besser gesagt zu Wurzel zu seinem Apfelbaum zurückkehren. Wohl gelang es ihm, einzelne Wurzeln aus dem lockeren Erdreich der Oberfläche zu lösen, aber der Wurzelstock, der sich längst in die Tiefe eingegraben hatte, widersetzte sich dem Wanderdrang. Ermattet gab der Weinstock schließlich auf. Eine Pflanze kann nicht fort von ihrem Ort, nicht einmal so langsam wie eine Schnecke. Das wusste er zu gut. In solchen Augenblicken schien das neue Leben unerträglich.

Dann kam der Abend, die Zeit, in der der zärtliche Wind die Pflanzen besuchte, um mit ihnen zu spielen. Der Wind meinte es gut mit dem Weinstock und dem Apfelbaum. Jeden Abend wehte er Rausch- und Raschelbotschaften vom Weinstock zum Apfelbaum und vom Apfelbaum zum Weinstock. Und dann fühlten sich beide, als schlinge der Weinstock wieder seine Triebe um die Rinde des Apfelbaumes.

Für die Eltern: Der Weinstock ... oder Die getrennten Geschwister

■ *Problemhintergrund*

Hans ist sieben Jahre alt, als sich die Eltern trennen, Lotte neun. Da die Kinder viel streiten und Hans das Lieblingskind des Vaters ist, während die Mutter Lotte bevorzugt, entscheiden die Eltern, dass Hans beim Vater bleiben soll, während Lotte mit der Mutter zu ihrem neuen Lebenspartner zieht.

■ *Ziel*

Ziel des Märchens ist es, den Eltern klarzumachen, dass die Geschwister eine natürliche Beziehung haben, deren Erhalt wichtiger ist als alle erdenklichen Vorteile einer Trennung. Eltern und Kinder sollen ihren Entschluss noch einmal überdenken.

Erzählweise

Die fremdartigen weißen und blauen Männer, denen es um das Mostgewicht geht, stehen für die Erwachsenen, die eine neue Ordnung entwerfen, ohne zu bedenken, dass sie eine Kinderwelt, eine Wachstumsgemeinschaft von Apfelbaum und Weinstock, zerstören. Der Wind verkörpert die Hoffnung. Die Geschwister werden miteinander verbunden bleiben. Das ist so sicher wie das abendliche Wehen des Windes.

Das Fass

Auf der Pusteblumenwiese unter dem alten Apfelbaum steht ein großes hölzernes Fass. Es ist dickleibig, plump und zu hoch zum Hineinsehen. Über dem Fass endet die rostige, löchrige Regenrinne eines Heuschuppens. Früher, als die Regenrinne noch nicht schadhaft war, genügte ein kräftiger Landregen, um das Fass zu füllen. Das Wasser strömte vom Schuppendach durch die Regenrinne und von dort in breitem Strahl in das Fass, bis es überlief. Inzwischen muss es schon heftig regnen, damit ein dünner Wasserfaden in das Fass tröpfelt. Die Blätter des Apfelbaumes geben das Wasser, das sie auffangen, an das Fass weiter. Das meiste Wasser läuft daneben. Wie voll mag das Fass schon sein? Wie viele Tropfen fehlen noch, um es zum Überlaufen zu bringen? Dauert es Jahre, bis es voll ist, oder genügt der nächste Schauer? Ist der Boden des Fasses noch unversehrt?

Ich ziele mit einem Stein in die Öffnung des Fasses. „Plumps" macht es. Dann nehme ich meine grüne Gartengießkanne, gehe über die Pusteblumenwiese, schöpfe Wasser im Bach und gieße das Wasser in das Fass. Ich muss mich strecken, um mit der Zotte der Gießkanne an die schmale, hohe Öffnung des Fasses zu gelangen. Zehn Liter Wasser sind in meiner Kanne. Zehn Liter kann ich tragen. Auf diese Weise steigt der Wasserspiegel im Fass täglich. Irgendwann wird das Fass voll sein. Dann werden die Tautropfen einer Nacht ausreichen, um das Fass wieder wie früher zum Überlaufen zu bringen.

Ich nehme täglich meine Gießkanne, gehe über die Pusteblumenwiese zum alten Holzfass und warte hoffnungsvoll.

Für die Eltern: Das Fass ... oder Die stetige Sorge

Problemhintergrund

Die Zahl der Eltern, die schon kurze Zeit nach dem Scheitern der Paarbeziehung aus dem Leben ihrer Kinder verschwinden, ist erschreckend hoch. Den meisten von ihnen ist nicht bewusst, was sie ihren Kindern damit antun.

Je jünger ein Kind bei der Trennung seiner Eltern ist, um so weniger kann es glauben, dass ihm beide Eltern erhalten bleiben. Es erlebt jeden Abschied von einem Elternteil als einen möglichen Abschied für immer. Abschied nehmen bedeutet: elementare Verlustangst erleiden, bedeutet Ohnmacht. Nur langfristiges geduldiges Handeln und ein gleich bleibendes Ritual, Worte wie „Mama und Papa haben dich lieb. Du behältst uns beide“ geben dem Kind schrittweise seine Sicherheit zurück.

Ziel

In dem Zusammenwirken der Eltern liegt der tiefere Sinn der nachehelich gemeinsamen Sorge. Nacheheliche Elternverantwortung ist Verantwortung unter erschwerten Bedingungen. Mit unserem Märchenbild vom Fass wünschen wir allen betroffenen Eltern die erforderliche Ausdauer und Stetigkeit.

■ *Erzählweise*

Wir haben uns für eine der sinnfälligsten und gebräuchlichsten Metaphern für unser Anliegen entschieden. Entgegen herkömmlichem Verständnis haben wir dabei den positiven Gehalt erschlossen. Die negative Bedeutung schwingt mit, dass wer seine Elternpflichten immer wieder verletzt, das Fass gleichfalls zum Überlaufen bringt.

Lotte und Lena, die Mauseschwestern

Mausemama Lise hatte zwei hübsche Mausetöchter, Lotte und Lena. Lotte, die Ältere, besaß ein seidig graues Fell wie ihre Mama. Lenas Fell war struppig braun. „Ganz wie der Papa!", sagte Mausemama Lise in vorwurfsvollem Ton, wenn andere Mausemamas sie danach fragten. Die Mausemama ärgerte sich über den Mausepapa, der vor einem Jahr ohne weiteres aufgestanden und davongegangen war. Niemand wusste wohin. Das war der wahre Grund, weshalb Mausemama Lise viel und laut schimpfte: „Wer hat schon wieder die Haustüre offen gelassen? Wir haben kein Geld, um den Garten zu heizen!" „Wem gehören diese dreckigen Stiefel hier im Flur? Ich bin doch nicht eure Putzfrau!" „Wenigstens beim Abwasch könnt ihr mithelfen, wenn ich schon alles Futter allein herbeischaffen muss!" Mal schrie die Mausemama Lotte an, mal Lena, wer ihr gerade in den Weg kam. Sie hatte gar zu viel zu tun.

Lotte und Lena reagierten auf die Vorwürfe ihrer Mama verschieden. Lotte wurde wütend: „Immer muss ich helfen. Andere Mausekinder dürfen spielen", schrie sie zurück, stampfte mit den Mausepfoten auf und schlug die Türe zu. Dann ließ die Mausemama vor Zorn das Mehlfass oder was sie gerade in der Hand hielt fallen, griff sich den Haselstock und sauste hinter Lotte her: „Dir werde ich dein freches Maul abgewöhnen, warte!" Wie oft hat Lotte mit dem Stöckchen Prügel auf ihr seidig graues Fell bekommen! Wie oft weinte sie bitterlich: „Warum schlägst du mich und nie Lena?" Ganz einfach, weil Lena, wenn die Mausemama sie schimpfte, „Ja, Mama" sagte und tat, was ihr befohlen wurde. Niemand konnte sehen, dass sie heimlich schadenfroh grinste. Das hatte einen guten Grund. Jedes Mal, wenn die Mausemama mit Lena schimpfte, dachte Lena: „Zank du nur. Bald kommt mein Mausepapa, dem ich so ähnlich sehe. Der wird dich dafür bestrafen, dass du mit mir hässlich umgehst. Sicher ist Papa groß, stark und schön. Er hat sein braunes, struppiges Fell mit Zuckerwasser glatt gestriegelt. Es glänzt wie Marmor. Später werde ich mein Fell ebenso mit Zuckerwasser striegeln. Papa hat einen nach oben gezwirbelten Schnurrbart, der duftet wie junge Haselnüsse. Zwei Grillen ziehen seine prächtige Mausekutsche, wenn er kommt, um mich, sein geliebtes Töchterchen Lena, das ihm so ähnlich sieht, abzuholen und für immer bei sich zu behalten. Er bringt mir viele Geschenke mit, bunte Schleifchen für meinen Mauseschwanz, goldene Ringe für meine Mauseöhrchen und eine große Tüte Popkorn. Mama kauft nie Popkorn. Sie sagt: „Für Popkorn haben wir kein Geld. Euer gnädiger Herr Papa zahlt ja nichts für euch!“ Wenn Lena in ihren Phantasien an der Stelle angekommen war, an der ihr Papa sie befreien würde, geriet sie ins Grübeln, ob sie den Papa nicht bitten sollte, Lotte ebenfalls in die Kutsche einsteigen zu lassen. Darüber schlief sie ein.

Noch etwas muss ich von Lena berichten. In Gegenwart der Mausemama spielte sie das gehorsame Kind. Ohne zu murren, tat sie alles, was sie tun sollte. War die Mausemama aber aus dem Haus, so tat Lena was sie wollte. Sie holte sich 15 Mausekinder zum Spielen, obwohl die Mausemama das wegen des Drecks streng verboten hatte. Sie fraß ein Loch in den Käse, den die Mausemama für den Winter weggelegt hatte, und stopfte es mit gelber Wolle zu. Sie steckte sich die goldenen und silbernen Schleifchen, die Lise von ihrer eigenen Mausemama geerbt hatte und die sie nur an Weihnachten trug, an ihren kleinen Mauseschwanz. Was das Allerschlimmste war, sie las die Briefe ihrer Mausemama.

Lena lebte in zwei Welten, in ihrem Alltag mit der überarbeiteten, unzufriedenen Mutter und in ihren Tagträumen mit einem Mausepapa, der immer reicher, schöner und liebevoller wurde.

Eines Tages geschah Folgendes. Als Lena aus der Mauseschule nach Hause kam, stand vor der Haustüre ein altes klappriges Motorrad. Im Hause hörte sie ihre Mausemama zetern. Sie gebrauchte Worte, die Lena zuvor noch nie bei ihr gehört hatte: „Stinkender Käse", „räudige Ratte" und noch viel Schlimmeres. Lena beschloss, nicht ins Haus zu gehen, sondern durch ein Löchlein in der Wand hineinzuspicken. Oh Schreck, was sah sie da: Ihre Mausemama sauste mit erhobenem Stöckchen hinter einem zottelig braunen Mausemann her. Die beiden liefen schnaufend um den kreisrunden Tisch in der Mitte der Mausestube, bis der Mäuserich plötzlich stehen blieb, sich umdrehte und rief: „Lise, du hast recht. In Zukunft werde ich dich nicht mehr stören. Ich will nur Lotte und Lena besuchen. Es ist lange her, dass ich sie zum letzten Mal gesehen habe. Ich habe ihnen etwas Schönes mitgebracht." Die Mausemama rief: „Lotte und Lena, herbei!" Als Lena zögerlich das Haus betrat, stieg ihr ein scharfer Geruch von Tabak und ungewaschenen Socken in die Nase. Die Mausemama sagte zu ihren Töchtern mit tonloser Stimme: „Lotte und Lena, das ist euer Mausepapa. Er hat euch etwas mitgebracht." Lena brauchte lange, ehe sie nach dem rotseidenen Kästchen griff, das ihr Vater ihr hinhielt. Obwohl sie neugierig war und selten etwas geschenkt bekam, nahm sie es nur, weil sie sah, dass der struppige umgepflegte Mausemann, der ihr Vater sein sollte, leise in seinen Mausebart weinte. Dann knatterte der Mäuserich auf seinem Motorrad davon.

Lotte und Lena trafen ihren Vater von da an gelegentlich. Sie aßen Popkorn, schwatzten ein wenig über die Mauseschule, beklagten sich über das Geschimpfe ihrer Mausemama und gingen wieder. Wenn die Mama Lena jetzt drohte: „Räum sofort dein Zimmer auf oder ich gebe dich in ein Heim für schwer erziehbare Mäuse!“ schrie Lena zurück: „Tu es doch, tu es doch, aber räume vorher noch deinen dreckigen Besenschrank auf!“ und kümmerte sich nicht um die Unordnung in ihrem Zimmer.

Für die Eltern: Lotte und Lena ... oder Der phantasierte Supervater

■ *Problemhintergrund*

Der Vater von Lotte und Lena hat sich einer anderen Frau zugewandt. Die Mutter hat dies nach Jahren der Trennung und Scheidung noch nicht verwunden. Sie verfolgt den Vater mit ihrem Hass, indem sie gegen ihn prozessiert. Vor den Kindern macht sie ihn schlecht. Sie erschwert den Umgang der Kinder mit ihrem Vater so, dass dieser für längere Zeit abreißt. Lotte und Lena bekommen die Unausgeglichenheit und Überlastung ihrer Mutter in ihrer Doppelrolle des berufstätigen und allein erziehenden Elternteils bei jeder Gelegenheit zu spüren. Die ältere Schwester nimmt die Auseinandersetzung mit der Mutter auf. Die jüngere wählt den scheinbar leichteren Weg. Sie verfällt in Tagträumereien. Schließlich gibt sie vor Freundinnen mit phantastischen Schilderungen ihres Vaters in einer Weise an, dass man sie verspottet und meidet.

■ *Ziel*

Dieses Märchen ist an Kinder in der Situation von Lotte und Lena gerichtet, aber auch an überlastete, gekränkte Eltern. Phantasiebegabte Kinder neigen dazu, den Problemen mit einem allein erziehenden Elternteil auszuweichen, indem sie einen Supervater/eine Supermutter erträumen, der/die sie aus ihrem Jammertal befreit. Die Entwicklung schadet nicht nur dem Kind, das dabei lernt, der Realität zu entfliehen, statt sich ihr zu stellen. Sie schadet auch der Beziehung zwischen Kind und verbleibendem Elternteil, der im Vergleich mit dem Superelternteil ungerecht abgewertet wird und im Alltag mit zusätzlichen Autoritätsproblemen zu kämpfen hat.

Unser Hinweis an allein erziehende Eltern: Ermöglichen Sie Ihrem Kind ein eigenes realistisches Bild vom anderen Elternteil. Es dient dem Interesse aller Beteiligten, auch ihrem eigenen.

■ *Die Erzählweise*

Das Märchen übersetzt das Problem in eine Tiermetapher und bleibt so bewusstseinsnah. Andererseits ist es durch das Stilmittel der Übertreibung realitätsfern. Kinder sollen sich mit dem Helden des Märchens identifizieren können, ohne an einen drohend erhobenen Finger denken zu müssen.

Wie Marc seinen Vater kennen lernte

Ein wahres Märchen

Als Marc sieben Jahre alt war, erfuhr er von seiner Mutter, dass auch er einen Vater hatte wie alle anderen Kinder. Bis zu diesem Zeitpunkt hatten die Mutter und ihre Familie das Thema „Vater“ vollständig vermieden. Wo andere Kinder getrennt lebender oder geschiedener Eltern, die bei ihrer Mutter aufwachsen, in ihrem Gedächtnis schöne oder weniger schöne Erinnerungen an einen Vater haben, hatte Marc einen leeren, weißen Fleck: Marc dachte weder gut noch schlecht über seinen Papa. Er dachte gar nicht. Da ihn sein Onkel häufig von der Schule abholte, während seine Mama arbeitete, sagte Marc, befragt, wer denn sein Papa sei, „das ist der Er“, was von Erwachsenen oft missverstanden wurde, da der Vorname des Onkels Ernst lautete.

Marc sah seinen Vater erstmals bei einer Gerichtsverhandlung, bei der entschieden werden sollte, wann und wo er seinen Vater sehen dürfe. Marc hatte sich gewünscht, dabei zu sein.

Acht Monate, nachdem Marc von seinem Vater erfahren hatte, fand die erste direkte Begegnung statt, und die spielte sich folgendermaßen ab: Marc hatte eine Mordsangst. Die Mutter, die ihn zum Treffen brachte, musste ihre ganze Überredungskunst aufbieten, um ihn aus dem Auto zu bekommen. Marc zappelte und bockte wie ein Rumpelstilzchen. Ich sagte ihm, nachdem wir die Mutter ganz erschöpft im Garten in die Sonne gesetzt hatten, ich hätte keine Lust, einen solch wundervollen Sommertag mit mieser Laune zu verbringen.

Ich wolle Spaß und Quatsch mit ihm haben und sei auch schrecklich neugierig, was für ein Mensch denn sein Vater sei, der gleich zum Mitspielen komme.

Auf das Stichwort „neugierig“ fiel Marc ein, dass er sich letztes Jahr zu Weihnachten ein ganz besonderes, ferngesteuertes Auto gewünscht hatte, und dann lag unter dem Weihnachtsbaum ein verschürtes Päckchen mit buntem Papier drum herum und roter Kordel, die schwer aufging, so dass er ganz ungeduldig wurde. Marc erzählte mir, der allerneugierigste Moment sei der gewesen, als er das Päckchen entdeckt habe ... da sei er vor Neugier fast geplatzt. Wir waren uns darüber einig, dass Neugier sich wahnsinnig toll anfühlt und dass die bevorstehende Begegnung mit seinem Vater das Gleiche sei wie das Erlebnis mit dem Auto damals zu Weihnachten.

Wir malten uns dann gemeinsam aus, wie ein Vater sein könnte: mit Bart und Brille oder klein und dick, und wir zauberten einen richtig tollen Vater. Marc zauberte sich einen Vater, der fliegen konnte, möglichst alle Automarken kannte, Quatsch machen konnte, Ball spielen und Rad fahren konnte, sich kleiner machen konnte als Marc, von Marc etwas lernen konnte und nach Brombeeren roch. Wir schrieben alle Wünsche auf einen Geheimzettel und verabredeten, den Vater entsprechend zu testen, um uns nach dem Treffen noch einmal über ihn zu unterhalten. Der Vater kam.

Wir saßen im Garten im Kreis, und die Mutter sagte zu Marc verabredungsgemäß: „Marc, das ist dein Vater.“ Danach verstummte sie und schaute angespannt die Gartenblumen an. Marc stand auf und rannte weg. Wir warteten schweigend. Nach einer ganzen Weile kam er mit einer leergeschlüpften Libellenlarve wieder, die er beim Gartenteich gefunden hatte. Ich zwinkerte Marc zu, ließ mir die Larvenhülle geben, zeigte sie dem Vater und fragte ihn, ob er auch der Meinung sei, dass dies die Hülle eines ganz kleinen Elefanten sei. Marc kicherte, weil er merkte, dass das die erste Testfrage an den Vater war: Versteht der Vater Quatsch? Der Vater, der zuerst etwas ratlos dreinschaute, lachte plötzlich mit und erzählte von vielen kleinen Elefanten am Teich. Das Eis zwischen Marc und seinem Vater war gebrochen.

Von da an überschlugen sich die Ereignisse: Marc stürzte sich förmlich auf seinen Vater, beanspruchte ihn für sich und testete ihn durch und durch. Die beiden spielten Ball, machten eine Radtour, schwätzten und lachten und Marc schenkte der Tatsache, dass seine Mutter den Garten verließ, um „einzukaufen", keine Beachtung. Schließlich ließ Marc sich von mir die Geheimliste geben, der Vater musste sie vorlesen und machte Haken hinter alle Fragen, außer hinter die Fragen: „Kann er fliegen?" und „Riecht er nach Brombeeren?" In diesem Moment kam die Mutter zurück, und wir setzten uns in den Garten, um zu besprechen, wie, wann und wo Marc seinen Vater wiedersehen sollte. Marc hatte vor Begeisterung glühende Backen und war voller Freude. Auf die Frage: „Möchtest du deinen Vater lieber in acht Tage oder in vierzehn Tagen wiedersehen?" antwortete er: „Was ist näher?"

Dann sprang er plötzlich auf, kletterte wie ein Wiesel auf eine nahe stehende Kiefer und sprang von beträchtlicher Höhe zu uns herunter. Das ging so schnell, dass wir Erwachsenen noch nicht einmal Zeit hatten, uns aufzuregen. Strahlend sagte er zu seinem Vater: „Siehst du, das ist Fliegen." Der Vater schaute kopfschüttelnd die dürre Kiefer an und meinte, nein, dieser Baum eigne sich nicht als Kletterbaum für ihn. Wir einigten uns darauf, dass der Test vom Fliegen und vom Brombeergeruch später stattfinden sollte, und ich ging mit Marc ins Bad, um ihm beim Reinigen seiner harzigen Hände behilflich zu sein. Als wir alleine waren, strahlte Marc mich an und sagte: „Jetzt habe ich auch einen Papa, und den behalte ich immer."

Klipp-Klapp

Klipp-Klapp, Klipp-Klapp, die Störche sind aus Afrika zurückgekehrt. Auf Dächern, Scheunen und Schornsteinen bauen sie emsig ihre Storchennester. Ein junges Storchenpaar baut zum erstenmal ein Nest. Erfahrene Störche der Storchenkolonie helfen ihnen. Bald haben die Jungstörche ein weiches, warmes zu Hause hoch oben auf dem Kirchturmdach. Es dauert nicht lange, da legt die junge Störchin ein wunderschönes Ei ins Nest. Nach kurzer Zeit schlüpft daraus ein flaumiges Storchenküken. Die glücklichen Eltern klappern ihre Freude in die Welt: „Klipp-Klapp, Klipp-Klapp, unser Storchenjunges Rotbein ist da." Alle Störche der Kolonie kommen zum Gratulieren. Sie bringen einen dicken grünen Frosch für die Storchenmama und saftigen Löwenzahn für den Storchenpapa mit. Zum Storchenküken klappern sie: „Herzlich willkommen auf dieser wunderschönen Erde. Wir wollen gut auf dich aufpassen. Du bist einer von uns, und wir wollen viel Freude an dir haben, wenn wir zuschauen, wie du heranwächst."

Es ist Frühling. Der junge Storchenpapa fängt im nahen Tümpel täglich Frösche für drei, damit die Storchenmama auf den kleinen Rotbein im Nest aufpassen kann. Das Storchenkind wächst prächtig. Im Frühsommer macht es seine ersten Flugversuche an der Seite seiner Storcheneltern. Dann bringt die Storchenmama es zu den anderen Storchenkindern an den Tümpel. Dort waten die Kleinen auf ihren staksigen Beinen durchs seichte Wasser und probieren das Fröschefangen. Rotbein fliegt gerne mit seinen Eltern spazieren. Lieber noch sitzt er eng an seine Storchenmama geschmiegt im warmen weichen Nest auf dem Kirchturmdach und besieht die Welt von oben. Seine Storchenfreunde vom Tümpel kommen neugierig hinauf ins Kirchturmnest geflogen. Rotbein gefällt es am besten zu Hause. Dort fühlt er sich sicher und geborgen.

Eines Tages im Frühsommer kommt Mama Storch freudig erregt zu Rotbein ins Nest geflogen und klappert: „Komm mit, komm mit, mein Rotbeinchen. Ich habe ein neues Nest in einem anderen Land gebaut. Dort ist es wärmer und schöner als hier. Auch dort ist ein Tümpel, in dem junge Störche mit dir spielen. In diesem Tümpel gibt es viel mehr Frösche und Schnaken zum Fressen als hier. Komm mit, ich will dich bei mir haben. Komm mit, ich habe dich lieb." Rotbein versteht kein Wort von der Rede seiner Storchenmama. „Was ist ein anderes Land? Wieso soll es irgendwo schöner sein als in meinem Nest? Wozu brauche ich mehr Frösche und Schnaken, wenn ich schon satt bin? Warum soll ich mit anderen kleinen Störchen spielen, wenn meine Freunde hier sind?" Aber weil Mamastorch ihn bittet und er seine Mama sehr lieb hat, fliegt der kleine Storch mit. Als die anderen Störche der Kolonie das sehen, fangen sie laut an zu klappern. Am lautesten klappert der Papastorch: „Klipp-Klapp, Klipp-Klapp. Der kleine Storch gehört zu uns. Hier ist seine Heimat. Hier ist sein sicheres, warmes Storchennest." Vor Schreck bringt Mamastorch Rotbein zurück. Nach einigen Tagen holt sie ihn wieder ab, fliegt mit ihm in ihr neues Nest, bringt ihn wieder zurück, holt ihn wieder ab und immer so weiter. Dem kleinen Storch ist ganz schwindelig vom vielen Hin- und Herfliegen. Wenn er wegfliegt, bringt ihn das laute Geklapper der Störche aus der Kolonie durcheinander, wenn er zurückkommt, der Streit zwischen seiner Storchenmama und seinem Storchenpapa. „Rotbein ist noch viel zu klein, deshalb gehört er zu mir, seiner Storchenmama", klappert die Störchin. „Rotbein ist noch viel zu klein, deshalb gehört er zu mir, seinem Storchenpapa", klappert der Storch wütend zurück.

Im fremden Land ist für den kleinen Storch alles fremd. Das Nest, das sich seine Mama mit einem schwarzen Storch gebaut hat, ist ihm zu groß. Die Störche in der fremden Storchenkolonie, die Storchenkinder, der Tümpel, nichts ist so wie zu Hause. Sogar die Frösche und Schnaken schmecken ihm fade. Das Storchenkind will nicht mehr mit der Mama zum fremden Nest fliegen. Da packt die Mama es am Storchenbein und nimmt es mit, wobei sie schrill klappert: „Ich lasse mir mein Storchenkind nicht von euch wegnehmen, ihr gemeine Storchenbande!" Rotbein versteht die Welt nicht. „Warum kann meine Mama nicht in unserem Nest bleiben? Warum muss ich immer zu ihr hinfliegen? Warum fliegen Papa und die anderen Störche der Storchenkolonie nicht wenigstens mit? Warum streiten sich Mama und Papa über mich? Was habe ich Schreckliches angestellt, dass sie sich über mich streiten? Was habe ich getan, dass es Mama in unserem Nest nicht mehr gefällt? Wie kann ich Mama zurück in unser Nest holen?" Diese Fragen sind so schwierig, dass Rotbein vor lauter Nachdenken der Appetit vergeht. Die Frösche können ihm vor dem Schnabel herumzappeln, die Schnaken ihm um den Kopf schwirren, Rotbein bemerkt sie nicht. Wenn er nicht mit Mama unterwegs ist, sitzt er im Nest auf dem Kirchturm und grübelt dumpf vor sich hin. Er friert. Die Storchenmama fehlt ihm, die ihn früher wärmte. Die Storchenfreunde besuchen ihn nur noch selten, weil er nicht mehr so fröhlich ist. Papastorch kann ihn kaum noch zum Tümpel locken. Rotbein wird von Tag zu Tag dünner. Er wird krank. „Da seid ihr dran schuld", klappert Mamastorch, wenn sie ihr Storchenkind wieder am Bein packt und hinter sich her in das fremde Land zieht „Nein, allein du bist daran schuld", klappert der Storchenpapa ihr bitter hinterher.

Wer hilft dem kleinen Storch in seiner großen Not? Eines Morgens erwacht der kleine Storch wieder traurig und frierend im Storchennest auf dem Kirchturm. Papastorch ist zum Tümpel geflogen, um Frösche für das Frühstück zu fangen. Da setzt sich eine blaue Taube auf den Rand des Storchennestes. Sie sieht Rotbein aufmerksam an und gurrt: „Guru Guru, welchen Kummer hast du?“ Rotbein erzählt ihr schluchzend, dass er sich nach der Wärme und Geborgenheit seiner Mama sehnt, aber nicht bei der Mama in dem zu großen Nest bleiben will. Sein Zuhause ist das Nest auf dem Kirchturm. Es ist ihm vertraut. An keinem Ort als hier fühlt er sich sicher und geschützt. Hier wohnt sein starker Storchenpapa, der ihm zeigt, wie man fette Zappelfrösche fängt Die erwachsenen Störche der Kolonie lieben ihn und passen auf ihn auf. Die Storchenkinder kommen ihn besuchen, weil sie wissen, dass er noch nicht gerne aus dem Nest fliegt. „Guru Guru, hör mir mal zu“, gurrt die Taube, als Rotbein seinen traurigen Bericht beendet hat, „ich bin keine gewöhnliche Taube. Ich bin eine Brieftaube. Wenn ich meine Briefe von einem Ort zum anderen bringe, sehe ich viel von der Welt und ihren Bewohnern. Guru, Guru, ich fliege für dich zum weisen Uhu, den frage ich um Rat.“ Rotbein muss nicht lange warten, da kehrt die Taube vom weisen Uhu zurück. Um den Hals trägt sie einen Brief. Rotbein liest: „An den Jungstorch Rotbein vom weisen alten Uhu: Lerne mit Freude zu fliegen.“ Ratlos sieht Rotbein die Brieftaube an. „Ich kann ja fliegen, aber ich fliege nicht gerne und bin immer wieder froh, wenn ich zurück im warmen Nest bin – obwohl, seit Mamastorch nicht mehr darin lebt, ist es mir oft sehr kalt.“ „Siehst du“, gurrt die Taube, „ich glaube, der weise Uhu hat recht. Lerne mit Freude zu fliegen! Dann fliegst du, immer wenn dir kalt ist, für einige Tage zu deiner Storchenmama. Ist dir wieder warm, so fliegst du hierhin zurück, spielst im Tümpel und lernst bei deinem Storchenpapa das

Fröschefangen. Ich fliege so gerne. Deshalb bin ich eine Brieftaube geworden. Guru, Guru, schau mir nur zu."

Und so geschieht es. Der kleine Storch Rotbein lässt sich von der Brieftaube zeigen, wie man gerne fliegt. Seitdem fliegt er zu seiner Storchenmama, wenn er ihre Wärme braucht. Bei ihr bleibt zwar alles ein wenig fremd, der große schwarze Storch, die anderen Storchenkinder und der Geschmack der Frösche und Schnaken, aber kuschelig und gemütlich ist es, wenn er mit Mamastorch gemeinsam klappert „ich hab dich lieb". Hat Rotbein sich genug gewärmt, fliegt er schnell zurück in seine vertraute Storchenkolonie. Alle Störche klappern freudig zum Willkommen. Seine Storchenfreunde haben schon auf ihn gewartet. An der Seite von Papastorch fängt Rotbein voller Stolz zum ersten Mal einen fetten Frosch.

Für die Eltern: Klipp-Klapp ... oder Wie Kleinkinder die Trennung ihrer Eltern erleben

■ *Problemhintergrund*

Für den fünfjährigen Tobias war die Welt bis vor einem halben Jahr in Ordnung. Er wuchs in ländlicher Umgebung auf, eingebettet in eine Großfamilie, zu der die Großeltern väterlicher- und mütterlicherseits, Onkel, Tanten und insgesamt neun Cousins und Cousinen gehörten. Die Verwandtschaft hatte den Eltern beim Bau eines eigenen Hauses geholfen. Da trennte sich die Mutter vom Vater und zog in eine 250 Kilometer entfernte Stadt zu einem anderen Mann. Die Eltern kämpfen um das Aufenthaltsbestimmungsrecht für Tobias. Im Streit haben sie den Blick für die wahren Interessen von Tobias verloren.

Ziel

Es geht uns darum, Eltern, die sich trennen, die Sicht ihres Kindes zu verdeutlichen und sie vor Entscheidungen zu bewahren, die nichts mit dem Wohl ihres Kindes zu tun haben. Gewichtige Trennungsgründe der Eltern haben in den Augen der Kinder keine Bedeutung. Oft verstehen Kinder ihre Eltern nicht einmal. Was das Kindeswohl erfordert, richtet sich nicht nach dem Maßstab der Eltern, sondern dem des Kindes.

Kinder, die unter der Unvernunft ihrer Eltern leiden, wollen wir nicht in der irrealen Hoffnung wiegen, das Rad der Geschehnisse lasse sich noch einmal zurückdrehen. Wir wollen sie anspornen, entsprechend ihrem Alter und ihren Fähigkeiten zum eigenen Wohle beizutragen.

Erzählweise

Das Märchen folgt einem klassischen Muster, indem es die gegenwärtige Situation des Helden ins Metaphorische überträgt, ihn in die Krise führt und ihm dann einen Helfer schickt, der ihm einen Weg zeigt, seine kindlichen Bedürfnisse nach mütterlicher Wärme zu befriedigen. Er muss Schritt für Schritt lernen, mit Freude aus dem Nest zu gehen. (Ich habe in meiner Eigenschaft als mit der Sache beauftragte Gutachterin initiiert, dass Tobias damit beginnt, bei anderen Kindern zu spielen, alleine einzukaufen sowie bei der Verwandtschaft und bei Freunden reihum zu übernachten. Am Ende des Weges in die Selbständigkeit steht das Erlernen der Bahnfahrt zur Mutter, u.a., damit Tobias den Streitereien bei der jeweiligen Kindesübergabe entgeht.)

Kern des Märchens, das sich auch insoweit mit der Wirklichkeit deckt, sind die Fragen des Kindes, die das Erwachsenendenken bloßstellen.

Wie Leobald Löwenzahn das Brüllen lernte

Leobald Löwenzahn sollte ein großer Löwe werden, dessen Gebrüll die Savanne erbeben lässt und allen Tieren, selbst Giraffen, eine Gänsehaut macht. Noch war er weit von diesem Ziel entfernt. Als seine Mutter Amalie Löwenzahn ihn in der Tierschule anmeldete, sah die Lehrerin ihn prüfend an. „Kannst du schon richtig brüllen? Dann brüll einmal so laut es geht." Das Gebrüll, das Leobald darauf von sich gab, war kläglich. „Dieses Gebrüll ist noch nicht schulreif", sprach die Lehrerin. „Die anderen Tiere würden sich über Leobald lustig machen. Sie müssen einmal Paul Pranke oder Gottfried Löwenmähne brüllen hören. Da wird sogar mir alter Füchsin angst und bange. Darum, liebe Frau Löwenzahn, warten Sie noch ein Jahr, bis Leobalds Gebrüll schulreif ist. Machen Sie sich keine Sorge. Das Brüllen kommt von alleine."

Von da an wartete Leobald täglich, dass das Gebrüll von alleine zu ihm kommen werde, wie die Lehrerin versprochen hatte. Aber es kam nicht. Heimlich ging Leobald hinaus in die Savanne, um zu üben. Doch so sehr er sich mühte und so lebhaft er sich vorstellte, wie die Savanne bebt, sein Gebrüll blieb unlöwig kläglich, dass nicht einmal die Spatzen erschraken.

Ein halbes Jahr verstrich ergebnislos. Leobald ging zu Amalie Löwenzahn: „Mama, bring mir bei, wie ich brülle", sprach er. „Geh zu Papa, für das Brüllen ist er zuständig. Außerdem habe ich keine Zeit. Ich bin mit Frau Pranke und Frau Löwenmähne zur Zebrajagd verabredet. Um sieben Uhr will Papa speisen." „Papa bring mir bei, wie ich brülle", sprach Leobald seinen Vater an. „Du kommst jedes Mal, wenn es mir nicht passt. Gerade wollte ich mich zur Ruhe legen. Ich hatte eine anstrengende Woche. Nun gut, da du mich sowieso gestört hast, bringe ich dir schnell das Brüllen bei." Darauf brüllte Vater Löwenzahn, dass die Savanne bebte und sogar die Wasserbüffel eine Gänsehaut bekamen. Er sah Leobald erwartungsvoll an. „Zeig es mir noch einmal ganz langsam", bat Leobald. Da wurde Vater Löwenzahn ärgerlich. „Wer lernen will ...", sprach er, ließ aber seinen Satz unvollendet. „Geh doch zu Opa, der hat für solche Extrawünsche mehr Zeit als dein Vater."

Eines morgens war Leobald verschwunden. Savanne auf, Savanne ab suchten ihn seine Eltern vergeblich. Alte Erinnerungen stiegen ihnen auf, die sie ängstigten. Im Alter von drei Wochen war Leobald das erste Mal von zu Hause fortgelaufen, hatte sich verirrt und war erst am nächsten Tage in einer Antilopenfalle entdeckt worden. Er war fast verhungert und musste sofort ins Tierkrankenhaus. Dort wurde er vom berühmten Ziegendoktor und seinen beiden Krankenschwestern, zwei liebevollen Ziegen, auf das Beste versorgt. Vier Wochen später konnte Leobald nach Hause entlassen werden.

„Hoffentlich ist Leobald nichts Ernsthaftes passiert", klagte die Mutter. „Ich habe ihn wegen seiner Brüllerei zum Opa Löwenzahn geschickt", tröstete der Vater, „vielleicht ist Leobald dort."

Und richtig, Leobald hatte sich sofort auf die Reise zum Opa gemacht. „Brüll mal", sprach Opa Löwenzahn, nachdem Leobald sein Leid geklagt hatte. Dann hörte er sich das Gebrüll Leobalds einige Male an. Schließlich schüttelte er den Kopf. „Das klingt wie Ziege, ‚möhöö'!" Löwengebrüll klingt „uau! uau!" Ist es wahr, dass du als Kind im Ziegenkrankenhaus warst?" „Ja, vier Wochen lang, alle waren sehr lieb zu mir. Ich weiß noch, wie wir jeden Abend gesungen haben: ‚Wenn der Löwe in der Wüste brüllt, dann erzittert das tierische Heer.‘ Dann haben wir aus Leibeskräften gebrüllt, und ich habe mich auf zu Hause gefreut.“ „So“, sagte Opa Löwenzahn, „in vier Wochen wirst du wie ein Löwe brüllen, so laut wie Gottfried Löwenmähne oder noch lauter.“ Lächelnd nahm Opa Löwenzahn seinen Enkelsohn an der Pranke und ging mit ihm zum nächsten Weiher. Dort betrachteten sie ihr Spiegelbild. „Eine Ziege brüllt so“, und Opa Löwenzahn machte ein Mäulchen wie eine Ziege und ließ ein so jämmerliches „möhöö!“ hören, dass Leobald lachen musste. „Ein Löwe brüllt anders.“ Opa Löwenzahn riss das Maul auf. Leobald konnte ihm bis tief in den Hals sehen. Dann brüllte er, dass selbst die Elefanten erschraken und Leobald eine Gänsehaut bekam. Bewundernd blickte Leobald auf seinen Opa. „Hast du eine schöne Stimme Opa!“

Vier Wochen später kam Leobald wieder zu Hause an. Schon von weitem hörte man sein furchtbares Gebrüll durch die Savanne dröhnen. „Eine Stimme wie Opa Löwenzahn“, lobten die Eltern. Dabei übertrieben sie nur ein ganz klein wenig.

Für die Eltern: Leobald Löwenzahn ... oder Der Wert von Großeltern

■ *Problemhintergrund*

Ludwig hat in seiner frühesten Kindheit lange im Krankenhaus gelegen. Seitdem ist er in seiner Entwicklung deutlich hinter Gleichaltrigen zurück. Er braucht zu allem mehr Zeit als die Altersgleichen. Da die Eltern berufstätig sind, verbringt Ludwig viel Zeit bei seinen Großeltern väterlicherseits. Als die Eltern sich trennen und Ludwig bei der Mutter lebt, reißt der Kontakt zu den Großeltern ab. „Es genügt, dass Ludwig jedes zweite Wochenende beim Vater verbringt. Ein zusätzlicher Umgang mit den Großeltern überfordert das Kind", ist die Begründung der Mutter.

■ *Ziel*

Wir wollen den Wert von Großeltern-Enkel-Beziehungen beleuchten. Großeltern sind kein Elternersatz, Eltern kein Großelternersatz. Die Beziehungen sind nicht miteinander zu vergleichen und haben für ein Kind einen unterschiedlichen Sinn. Typischerweise haben Großeltern mehr Zeit als die im Berufs- und Lebenskampf stehenden Eltern, sind von Alltagsverpflichtungen gegenüber Kindern befreit und haben mehr Distanz und damit einen anderen Blickwinkel auf die Nöte ihrer Enkel als die Eltern.

Es war eine weise Entscheidung des Gesetzgebers von 1998, Großeltern ein eigenes Umgangsrecht einzuräumen.

■ *Erzählweise*

Ein zartes Kind wie Ludwig braucht Kraft. Die Stimme – man spricht von einer kräftigen Stimme – trägt zur Kraft bei. Sie macht Mut und ist Ansporn, schlummernde Energien zu mobilisieren oder sogar über sich hinauszuwachsen. Man denke an Stentor, den griechischen Helden vor Troja, der durch die Gewalt seiner Stimme hundert einfachen Kriegern gleichkam. Das Märchen will dem Kind die Vorstellung vermitteln, dass es durch die Kraft seiner Stimme „die Savanne erzittern" macht.

Kinder dürfen während des Vorlesens brüllen und blöken.

3. TEIL
ANLEITUNG FÜR DAS ERFINDEN HEILENDER MÄRCHEN

Einblick in die Märchenwerkstatt

geschildert am Beispiel eines Kindes, das versucht, seine Eltern wieder zu vereinen

Anhand der Geschichte des Mädchens Franziska, für das ich das Märchen von der „Zerbrochenen Vase" entwickelt habe, möchte ich beschreiben, wie meine Märchen entstehen. Franziska, ein achtjähriges Mädchen, lebt mit seiner Mutter alleine. Die Ehe der Eltern wurde vor drei Jahren geschieden. Der Vater hatte sich einer anderen Frau zugewandt, die er heiratete und mit der er ein Töchterchen hat. Franziskas Mutter, eine sensible, zarte Frau, meidet, seit ihre Ehe gescheitert ist, Männerkontakte. In der ersten Zeit nach der Scheidung bemüht sich der Vater nur wenig um seine Tochter. Er arbeitet viel, errichtet ein Haus und investiert eine Menge Zeit in seine neue Ehe und Familie. Die Mutter hat es leicht, einen Umgang zwischen Vater und Tochter durch in solchen Fällen übliche Verhaltensweisen wie Krankheit des Kindes oder unerklärte Abwesenheit von Mutter und Tochter am Umgangstermin zu vereiteln. Als das Leben des Vaters ruhiger wird, entsinnt er sich seiner Tochter und beantragt, weil die Mutter Begegnungen zwischen Vater und Tochter heftig ablehnt, sein Umgangsrecht gerichtlich zu regeln. Zu diesem Zeitpunkt hat Franziska ihren Vater fast drei Jahre lang nicht mehr getroffen. Während der gerichtlich angeordneten Begutachtung durch mich sieht Franziska ihren Vater. Die Mutter hat darauf bestanden, beim Treffen anwesend zu sein, obwohl Franziska gerne alleine hingegangen wäre. Das Mädchen merkt, dass ihre Mutter in Anwesenheit des Vaters aufblüht: Die zarte, empfindsame Person verwandelt sich in eine lebhafte Frau, die spürbares Vergnügen an der Unternehmung zu dritt hat. Sie erlaubt es in der Folge nicht, dass der Vater mit Franziska und seiner Tochter aus zweiter Ehe alleine zusammentrifft. Franziska greift die nicht ausgesprochene Botschaft der Mutter auf und tut alles, was sie nur tun kann, um Mutter und Vater zusammenzubringen. Die Mutter lässt das Mädchen gewähren, sie schwimmt auf einer Welle der Hoffnung. Der Vater will seiner Tochter gefallen und fügt sich ihren Arrangements zu dritt. Das Mädchen steigert sich in einen solchen Maße in ihre „Mission", dass es seine Freundschaften mit Gleichaltrigen vernachlässigt. Damit hat Franziska die Verantwortung für das Wohlbefinden ihrer Mutter übernommen. Sie bemuttert ihre eigene Mutter. Das ist für die Persönlichkeitsentwicklung des Mädchens schädlich. Außerdem sind ihre Bemühungen zum Scheitern verurteilt. Der Vater wird, um seine neue Familie nicht zu gefährden, einem Umgang zu dritt auf Dauer nicht zustimmen. Es wird einen neuen Kampf um die Bedingungen geben, unter denen sich Vater und Tochter sehen können, und die Gefühle der Mutter werden nochmals verletzt werden.

Sobald ich diese gegenwärtige Lebenssituation der Beteiligten mit allen möglichen Konsequenzen klar vor mir sehe, stelle ich mir die Frage: Unter welchen Umständen ginge es allen Beteiligten besser? Ich bedenke die Lösung des bestehenden Problems. Da ich meist ohne Hilfe der Beteiligten aus meiner Berufs- und Lebenserfahrung heraus antworten muss, kann es sein, dass die in meiner Geschichte angebotenen „Lösungen" für die Betroffenen nicht passen. Ich habe wiederholt erlebt, dass Kinder in einer solchen Situation spontan sagen: „Nein, das ist ganz anders, und mir ihr eigenes Ende der Geschichte erzählen. Deshalb lade ich meine Zuhörer und Zuhörerinnen immer ein, in die Erzählung einzugreifen, wenn sie es möchten.

In Franziskas Fall erscheint es mir wünschenswert, dass das Mädchen die Scheidung als Realität anerkennt, auch wenn die Mutter innerlich noch nicht wirklich von ihrem

Mann getrennt ist und sich deshalb unbewusst irrealen Hoffnungen hingibt. Franziska soll erkennen, dass getrennte Eltern, jeder für sich, viel zu bieten haben. Schließlich kann sie, wenn sie ihr vergebliches Bemühen aufgibt, die Ehe ihrer Eltern zu kitten, ihre Vitalität wieder für Gleichaltrige einsetzen.

Sobald ich mir über das Problem und das Ziel meiner Zuhörer im Klaren bin, stelle ich mir – je nach Situation – folgende Fragen nach Helfern und Hilfen: Was braucht die betroffene Person, um das Ziel leicht zu erreichen? Hat sie die Mittel dazu schon, und müssen sie nur aktiviert werden? Oder braucht sie eine Verstärkung dieser Mittel? Was kann das Hindernis zur Lösung des Problems beseitigen? Oder ganz konkret: Braucht die Person mehr Mut, mehr Liebe, mehr Neugier, mehr Aggression? Auch diese Fragen beantworte ich meist aus meiner Lebens- und Berufserfahrung. Bei Franziska war meine Antwort: Das Mädchen braucht Einsicht in die Vergeblichkeit ihres Handelns und ein Gefühl dafür, dass jeder Elternteil allein für sie interessant und nützlich ist.

Bin ich mit meinen Gedanken so weit gekommen, ist das innere Gerüst der Geschichte fertig. Ich suche dann eine geeignete Metapher. Dabei orientiere ich mich an den Lebensbedingungen und der Lebenserfahrung meiner Zuhörer. Zu den Besonderheiten bei Franziska gehört, dass ihre Mutter kostbare Vasen sammelt.

Die gewählte Metapher soll für die Zuhörer verständlich sein, jedoch nicht in einen bewussten Zusammenhang mit dem bestehenden Lebenskonflikt gebracht werden können. Auch das Ausschmücken der Geschichte mit liebevollen Details dient dazu, den bewussten Verstand soweit zu verwirren, dass sie die Geschichte neugierig, aber ohne persönlichen Bezug verfolgen. Je weniger der menschliche Verstand mit seiner Fähigkeit, Deutungen und Erklärungen des Angehörten zu geben, beteiligt ist, desto unmittelbarer und reiner dringt die Botschaft der Geschichte ins Unbewusste und kann damit den Boden für eine heilsame Veränderung bereiten.

Wie Sie die Geschichten für Ihr Kind verändern können

Die meisten Geschichten in diesem Buch habe ich Kindern (oder Eltern) erzählt, die ich kenne, deren persönliche Lebensumstände mir vertraut sind und deren Probleme wir gemeinsam lösen wollen. Deshalb enthalten diese Märchen viele Einzelheiten aus dem Leben und dem Umfeld der Betroffenen, die es ihnen erleichtern, sich mit den Figuren in der Geschichte auf einer unbewussten Ebene zu identifizieren.

Trotzdem können die in diesem Buch niedergeschriebenen Märchen Kindern auch unverändert vorgelesen bzw. erzählt werden. Denn die gewählten Figuren vom kleinen Storch, der von der Mutter am Storchenbein ins neue Nest gezogen wird, über das Mausemädchen, das sich einen reichen und mächtigen Mausepapa phantasiert, bis zum kleinen Tännchen, das sehnsuchtsvoll auf Schnee wartet – stammen alle aus der Erlebniswelt der Kinder und sind im reichen Märchen- und Geschichtenschatz unseres Kulturkreises verankert.

Dennoch kann es sein, dass Ihnen manche Details einer Geschichte für Ihre Lebenssituation fremdartig erscheinen, dass Sie die Geschichte gerne für Ihr Kind verändern und verschönern wollen.

Um Ihnen dies zu erleichtern, möchte ich Ihnen zunächst zeigen, wie Sie sinnvoll eine Metapher in eine andere verändern können und danach, wie Sie die für Ihr Kind passenden Details finden.

Wie Sie Metaphern sinnvoll verändern

Jedes Märchen enthält Metaphern von unterschiedlicher Bedeutung und Wichtigkeit. Die Metaphern der oberen Ebene betreffen den Kern der Geschichte. Sie entscheiden darüber, welche Art von Märchen Sie erzählen: Das Märchen von der zerbrochenen Vase z.B. wird zu etwas völlig anderem, wenn Sie statt einer Vase eine kaputte Uhr einsetzen. Verändern Sie eine Metapher auf der oberen Ebene, so müssen Sie die Metaphern auf der mittleren Ebene (die den Handlungsverlauf bestimmen) und der unteren Ebene (der Ebene der ausschmückenden Details) ebenfalls verändern, das heißt; Sie erfinden ein völlig neues Märchen. Dazu bekommen Sie das Handwerkszeug im Kapitel „Wie Sie Geschichten für Ihr Kind selbst erfinden".

Wenn Sie Metaphern der mittleren Ebene verändern, dann verändern sich die der unteren auch. Das ist ganz einfach und macht viel Spaß. Ich werde Ihnen das Verändern der Märchen an der Geschichte vom „kleinen Tännchen" darstellen.

Das kleine Tännchen

Die Metapher auf der oberen Ebene ist ein Baum (einerlei welcher Sorte) im Wachstum. Er verbildlicht das Kind in seiner Entwicklung. Würden Sie stattdessen als Metapher den Bau eines Hauses wählen, so würde eine ganz andere Geschichte daraus.

Zur mittleren Ebene gehört die Metapher vom Winter. Der Winter steht für Freude und schöne Erlebnisse. Ein Kind jedoch, für das Winter mit Schnee nicht die schönste Jahreszeit ist, wird sich in die angenehmen Gefühle des kleinen Tännchens nicht gut hineinversetzen können. Wählen Sie die Lieblingsjahreszeit Ihres Kindes, den Frühling, den Sommer oder den Herbst. Sie bemerken, damit ändern sich viele Metaphern der unteren Ebene. Ich gebe Ihnen einige Beispiele (in Klammern jeweils die Metapher in der Geschichte):

(ein Tännchen am Waldrand): eine Weide am Flussufer, ein Kirschbaum im Garten; für ein Stadtkind: ein Baum im Hinterhof oder in einem Park, den das Kind häufig aufsucht

(dort, wo der Jäger seinen Hochsitz hat): dort, wo die Nachbarskinder immer spielen; dort, wo man im Sommer so schön im Schatten sitzen kann; dort, wo Frau Müller rosarote Rosen gepflanzt hat

(um die schöne Aussicht zu genießen): um dein Gesicht in der Sonne zu wärmen; um die Katze im Fenster gegenüber zu beobachten

(der Winter mit dem Schnee): der Frühling mit seinen bunten Blumen; der Sommer, wenn Kinder um den Baum Ringelreihen spielen und die Alten jeden Abend unter dem Baum sitzen und einander Geschichten erzählen; der Herbst, wenn alle Blätter sich in ihrer buntesten Farbenpracht zeigen und die Kinder im Park Drachen steigen lassen

(das wunderschöne Kleid aus Schnee): ein rosarotes Rüschenkleid aus Kirschblüten mit weißem Spitzenbesatz; für die Weide im Herbst eine lustige Igelstachelfrisur, aus den Weidenruten binden die Korbflechter wunderschöne Körbe; ein prächtiges, grünes Blätterdach, das die Vögel beschützt, die darin ihre Nester bauen

(Hops, der freche Hase): eine Katze, die den Baum als Kratzbaum verwendet; Jungen, die im Baum herumklettern und die frischen Triebe knicken

(die Ladung Schnee, die der Hase zwischen die Löffel bekommt): Blütenstaub, der die Katze in der Nase kitzelt, dass sie niesen muss; kräftiges Wippen mit den Ästen, so dass die Jungen fast das Gleichgewicht verlieren und schleunigst wieder vom Baum herunterklettern

(der Winter kommt nicht): Es friert noch spät im Frühling, viele Blüten fallen ab; es ist ein verregneter, wolkenverhangener Sommer, niemand sitzt unter dem Baum und erzählt Geschichten; die Korbflechter stutzen die Weide nicht

(das eingeschränkte Wachstum des Baumes): Der Kirschbaum vergisst, die Kirschen reifen zu lassen; die Weide treibt nur ganz schwache Triebe, die man nicht zum Flechten verwenden kann; der Baum im Park wird von einem Pilz befallen, und die Blätter verdorren mitten im Sommer

(die Sehnsucht tut weh, weil das Tännchen keine Schutzrinde hat wachsen lassen): Der Kirschbaum hat Schmerzen, weil der Saft in seinen Zweigen staut; die Weide hat Schmerzen, weil sie nicht gestutzt wird und die Herbststürme an ihren Haaren reißen; der grüne Baum friert, weil es regnet und ihn seine Blätter nicht schützen

(der Wurzel-Sepp): die blaue Fee, das Heinzelmännchen, der Herr der Zauberer

(warum der Schnee nicht mehr kommt): Der Frühling wird nie wieder so sein wie früher, weil es kälter geworden ist auf der Erde, der Kirschbaum wird ab jetzt weniger Blüten tragen; die heißen Sommer kommen nicht wieder, deshalb sind viele Vögel weggezogen, niemand baut mehr ein Nest im Baum; die Korbflechter kommen im Herbst nicht mehr zur Weide, weil alle Körbe jetzt aus Kunststoff hergestellt werden

(das Tännchen beginnt wieder zu wachsen): Der Kirschbaum treibt die schönsten, rotesten, leuchtendsten Kirschen; die Weide lässt ihre Triebe wieder dick und biegsam in die Höhe treiben, und im Frühling hat sie mit ihren seidigglänzenden Palmkätzchen den schönsten Kopfschmuck von allen; der grüne Baum kämpft gegen den Pilz (mit Hilfe des Zauberers, der ihm einen besonderen Trank verabreicht) und behält bis spät in den Herbst seine Blätter – die dann wunderschön bunt gefärbt sind; die Vögel kommen nicht wieder, dafür hat sich ein Eichhörnchen in einer seiner Baumhöhlen wohnlich eingerichtet

(das regennasse Laub, das auf den Hasen Hops fällt): Der Kirschbaum bewirft die Katze (oder die Jungen) mit Kirschen; der grüne Baum wippt wie eh und je mit seinen kräftigen Zweigen, aber weil es viel regnet, kann er es jetzt noch wilder treiben: Wenn er sich schüttelt, kriegen die Jungen, die in ihm herumklettern (bzw. die Katze, die die zarten Triebe anknabbert), auch noch eine kalte Dusche ab. Und die Weide verjagt die Katze mit einem energischen Zischeln und Rascheln ihrer langen Zweige, an den Jungen rächt sie sich, indem sie im Herbst die Schnüre der Drachen, mit denen die Jungen spielen, in ihre Zweige verheddert.

Der König, der auszog, den Drachen zu töten

Ein anderes Beispiel für die Veränderung einer Metapher auf mittlerer Ebene zeige ich an der Geschichte der Prinzessin Honigmund. Die Metapher, die ich gewählt habe, zeichnet den Lebensstil der Familie vor der Trennung – die Mutter versorgt den Haushalt und das Kind, der Vater verdient das Geld – und den Trennungsmechanismus nach. Die Schilderung der Prinzessin Honigmund entspricht in Äußerlichkeiten und Verhaltensweisen Karin.

Prinzessin Honigmund, die Identifikationsfigur in dieser Geschichte, kann selbstverständlich auch ein Prinz sein. Dann verändern sich entsprechend die Metaphern der unteren Ebene. Jedenfalls sollte die Prinzessin oder der Prinz die Züge des Kindes tragen, und bei der Schilderung des Alltags im Haus der Königin lassen Sie ruhig ein paar Gewohnheiten aus Ihrem täglichen Leben einfließen.

Weitere Beispiele für Veränderungen auf der mittleren Ebene sind, wenn Sie aus einem Papa eine Mama machen oder wenn Sie die Geschichte von einem Kind, das seinen Vater nicht mehr sehen will, einem Kind erzählen, das seinen Vater nicht kennt.

Am häufigsten und am einfachsten sind Veränderungen auf der untersten Ebene. Ich gebe Ihnen Beispiele dafür aus anderen Märchen:

Der Hase Hops, der Frosch Quak und der weise alte Mond

Die Einzelheiten des Märchens entsprechen den Lebensumständen der Familie. Peter ist ein Junge, der sich in der Natur und mit Tieren gut auskennt, sein Großvater hat im Garten einen kleinen Hasenstall, und am Wochenende fährt Peter mit seiner Mutter oft zu einem Teich, in dem sich viele Frösche tummeln.

Sie können für die Geschichte auch andere Tiermetaphern wählen. Wenn Sie ein Haustier haben, ist es besonders einfach. Dessen Eigenheiten kennt Ihr Kind bestimmt gut, und es versteht auch leicht, wie schwer es sein muss, wenn dieses plötzlich etwas nicht mehr tun soll, was es früher immer durfte und für das es auch gelobt wurde. Das zweite Tier, in meiner Geschichte der Frosch, kann ebenso ein Fisch, eine Maus oder ein Marienkäfer sein, jedenfalls sollten Sie ein Tier wählen, das dem Kind sympathisch ist.

Die vermeintliche Entführung

Vor allem in den Details enthält dieses Märchen viele Elemente aus dem Leben Bellindas, die sich aber leicht durch Details aus Ihrem Leben ersetzen lassen. Die Figur des Vaters in der Geschichte, ein schöner fremdländisch aussehender Ritter, kann ebenfalls an Ihre persönliche Situation angepasst werden. Denn die grundlegende Problemsituation des Märchens – die Eltern trennen sich, weil sie einander wegen ihrer unterschiedlichen Herkunft (oder auch Sozialisation) fremd geworden sind – schließt in jede Fall mit ein, dass einer der Ehepartner Gewohnheiten pflegt, die den anderen stören.

Tom auf großer Fahrt

In diese Geschichte habe ich die Tatsache eingebaut, dass Tom Pfadfinder ist. Für Kinder, die Gruppenerlebnisse nicht kennen, können Sie auch andere „Begleiter" für die Schiffsreise wählen, die dann auf dem Schiff nicht mehr auffindbar sind, z.B. ein Kindermädchen, eine befreundete Familie, die das Kind mitnimmt, die Schulklasse, die mit dem Lehrer einen Ausflug macht. Sie sollten als Begleiter jedoch nicht Personen wählen, die dem Kind zu nahe stehen. Das Verschwinden dieser Begleiter auf dem Schiff würde einen großen Vertrauensbruch bedeuten.

Die vierzig Enten mit den roten Köpfchen, den grünglänzenden Flügeln und dem Krönchen auf dem Kopf

Die Einzelheiten des Märchens habe ich aus Erzählungen des Kindes und der Eltern entnommen. Danielas bester Freund heißt Christoph. Daniela isst am liebsten Milchschokolade und Vanilleeis, sie schwimmt gerne und klettert auf Bäume. Wenn sie sich an Zeiten des Wohlbefindens erinnert, spricht sie von farbigen, glitzernden, bewegten Situationen in der

Natur. Wenn es Daniela schlecht geht, ist ihre Welt grau, sie sieht nicht mehr klar, und laute Geräusche beängstigen sie. All diese Einzelheiten lassen sich durch andere Bilder aus der Welt Ihres Kindes ersetzen, die seinen Vorlieben entsprechen.

Der Elefant aus Celebes

Marc wohnt mit seiner Mutter und seinen Großeltern tatsächlich in einem alten, modernisierten Bauernhaus. Als ich ihn besuche, zeigt er mir stolz den großen Hühnerhof hinter dem Haus und den ehemaligen Kornspeicher, in dem er viele Mäuse vermutet. Anstelle des alten Bauernhauses kann auch ein Dachboden oder ein Keller, eine Ritterburg oder eine Mühle das Zuhause für die Mäusefamilie sein.

■ *Wie sie die passenden Details für Ihr Kind finden*

Um genau jene ausschmückenden Einzelheiten zu finden, die Ihr Kind leicht versteht, benötigen Sie Informationen. Einige davon sind Ihnen sicher wohlvertraut:

- Sie kennen die Namen der Freunde und Freundinnen des Kindes.
- Sie wissen, was es gerne isst und trinkt.
- Sie wissen, womit es am liebsten spielt.
- Sie wissen, welche Farben es liebt.
- Sie wissen, welche Töne ihm gefallen und welche Musik es mag.
- Sie wissen, in welcher Umgebung, bei welchem Wetter, zu welcher Tageszeit es sich am wohlsten fühlt

Subtilere Informationen, mit denen Sie das Märchen individuell besonders reizvoll und wirksam gestalten können, erhalten Sie, wenn Sie herausfinden, was notwendig ist, damit es Ihrem Kind so richtig gut geht, bzw. welche Bedingungen herrschen, wenn es sich schlecht fühlt. Um Ihnen das zu erleichtern, habe ich einen Fragenkatalog zusammengestellt. Aus den Antworten Ihres Kindes können Sie dann jene Elemente herausfiltern, die in der Geschichte für das Problem (sich schlecht fühlen) und für die Lösung des Problems (sich gut fühlen) stehen.

Unter welchen Bedingungen fühlt sich Ihr Kind wohl und glücklich?

Stellen Sie in einem ruhigen Augenblick folgende Fragen an Ihr Kind, beispielsweise während Sie abends an seinem Bett sitzen. Befragen Sie es über Tagesereignisse, mit denen das Kind selbst zufrieden ist, sprechen Sie über Freizeit- und Urlaubserlebnisse. Fragen Sie beispielsweise:

Als du mit Jan diese Super-Sandburg am Strand gebaut hast (von der das Kind gerade berichtet):

- War das am Tag oder am Abend?
- Was war da zu hören, während ihr gebaut habt, Kinder oder Erwachsene, das Meer, der Wind oder was sonst, oder war es still?
- Hat die Sonne geschienen, oder war es ein kühler Tag?
- Hast du das Meer gerochen, das Sonnenöl oder gar nichts?
- Hast du gerade ein Eis geschleckt?

Sie erhalten auf diese dem Kind angenehme Weise rasch alle Informationen über die Bedingungen, die Ihr Kind für sein Wohlbefinden braucht. Verwenden Sie Ihren Schatz an Antworten für den Teil Ihrer Geschichte, der die Lösung enthält.

Warum fühlt sich Ihr Kind schlecht und unglücklich?

Aus den Berichten Ihres Kindes über Details angenehmer Erlebnisse können Sie meist durch Umkehrung entnehmen, welche Bedingungen herrschen, wenn sich das Kind unwohl, unsicher, unfrei, traurig u. Ä. fühlt. Beispielsweise wird ein Kind, das frischen, kühlen Wind bei Sonnenschein am hellen Meeresstrand gemeinsam mit einem Freund besonders positiv erlebt, sich wahrscheinlich alleine in einem dunklen, heißen, stickigen, geschlossenen Raum unwohl fühlen. Sie können aber auch direkter nach negativen Erlebnissen fragen. Wenn Sie sich für diesen Weg entscheiden, stellen Sie Ihre Fragen nach den Einzelheiten von schlechten Erinnerungen unbedingt, bevor Sie mit Ihrem Kind über die angenehmen Erlebnisse reden. Dann können die positiven Erinnerungen die negativen „neutralisieren".

Hier einige hilfreiche Fragen:

„Manchmal geht es dir gar nicht gut. Da bist du traurig oder wütend oder ängstlich oder fühlst dich ganz alleine oder irgendwie anders schlecht – das ist bei allen Kindern und bei allen Erwachsenen so. Das gehört zum Leben, wie die Kruste zum Brot. Kannst du dich erinnern, wie das das letzte Mal war?" Wenn Ihr Kind nickt, lassen Sie sich aber nicht den Inhalt des Negativerlebnisses schildern, sondern fragen Sie nach den Details.

Als deine Freundin Julia dich gehänselt hat:

- Wie war da das Wetter?
- Wart ihr im Freien oder drinnen?
- Schien die Sonne, oder war es grau draußen?
- Um welche Zeit war das, zu Mittag, am Abend?
- War es laut draußen oder ringsum ganz still?
- War es warm oder kalt?
- War noch jemand bei dir?
- Kannst du dich an einen bestimmten Geruch erinnern?

Wenn Sie gut zugehört haben und sich weniger auf das *Was* des negativ Erlebten und mehr auf das *Wie,* die Sinnesqualitäten, konzentriert haben, besitzen Sie alle Informationen, die Sie brauchen, um das Problem sinnenspezifisch zu schildern. Hier eine Liste von Sinnesqualitäten unserer fünf Sinne: Sehen, Hören, Spüren, Riechen und Schmecken. Anhand der hier aufgezählten Gegensatzpaare fallen Ihnen bestimmt eine Reihe guter Fragen an Ihr Kind ein:

Sehen

hell	dunkel
bunt	schwarzweiß
bewegt	starr
klar	verschwommen
rund	eckig

Hören

laut	leise
hoch	tief
melodisch	skandiert
schnell	langsam
deutlich	undeutlich

Spüren

warm	kalt
rau	glatt
nass	trocken
schwer	leicht
stark	schwach

Riechen

In der Alltagssprache verwenden wir wenige Wörter für Geruchsqualitäten, meist benennen wir, was wir riechen: „Das riecht nach Meer, das riecht nach Weihnachtsplätzchen.“

Schmecken

süß	sauer
scharf	mild

herb – bitter – blumig

■ *Welche Hilfen bzw. Helfer sind besonders gut geeignet, um Ihr Kind vom Problem zur Lösung zu führen?*

Je jünger Kinder sind, desto intensiver erleben sie Hilfen und Helfer, die sie aus einem quälenden Problem herauszuführen vermögen. Beide sind häufig magisch-mystischer Natur und deshalb sehr stark. Auch reale Personen der Umgebung des Kindes werden vom Kind oft als Helfer erlebt. Um für Ihr Kind geeignete Helfer zu finden, können Sie folgende Fragen stellen:

- Wenn du dich jetzt in ein Tier verwandeln könntest, was für ein Tier wärst du und was kann dieses Tier besonders gut? Lassen Sie das Kind dieses Tier malen, und spielen Sie mit ihm ein Rollenspiel dazu, auf diese Weise erfahren Sie eine Fülle von Details.
- Wenn du deine ganze Familie in Tiere verzaubern könntest, wer wäre was? Was kann welches Tier besonders gut?
- Welches ist das stärkste, liebste etc. Tier?
- Wenn du dich ganz alleine fühlst, an wen denkst du dann?
- Was kann die/der Besonderes?
- Wer beschützt dich, wenn du Schutz brauchst?
- Wie macht der/die das?

Zum individuellen Gestalten der Helferfigur in Ihrer Geschichte ist es weniger wichtig, ob es eine Tiergestalt ist, ein Mensch oder eine allegorische Person (wie Zwerge, Engel etc.). Es geht um die Eigenschaften und Fähigkeiten, die Ihr

Kind dieser Person zuschreibt. Das Kind „leiht sich“ beim Helfer dessen Qualitäten und erreicht damit ein Stück der Potenz des Helfers, um das Böse zu meistern. Wenn Sie demselben Kind mehrfach Geschichten erzählen, ist es sinnvoll, an der entscheidenden Stelle immer wieder denselben Helfer auftauchen zu lassen. Malen Sie zusätzlich die Helferfigur, und hängen Sie sie im Kinderzimmer auf. Kaufen Sie ein Kuscheltier, das der Helferfigur ähnelt, oder lassen Sie die Helferfigur in einen schönen Stein schlüpfen, den Ihr Kind um den Hals oder in der Hosentasche trägt.

Wenn Sie genug Informationen zu den Bereichen Wohlfühlen/schlecht fühlen/Helferfiguren besitzen, lesen Sie die Geschichte, die Sie ausgewählt haben, nochmals. Sie wird sich beim Lesen so verändern, wie es Ihrem Kind entspricht. Legen Sie dann Ihre ganze Sammlung und meine Geschichte beiseite, wählen Sei einen zum Geschichtenerzählen günstigen Augenblick mit Ihrem Kind, spüren Sie die Liebe zu Ihrem Kind in sich, und erzählen Sie einfach drauflos. Den Rest erledigt gerne und geübt Ihr Unterbewusstes, denn Sie haben sich bestmöglich vorbereitet.

Wie Sie Geschichten für Ihr Kind selbst erfinden

Gehören Sie zu den Eltern, die gerne eigene Geschichten erfinden? Oder gibt es in meinem Buch kein Märchen, das das Problem, das Sie und Ihr Kind haben, aufgreift? Dann wird Ihnen das Folgende helfen:

Fragen Sie sich: Welche auffälligen Verhaltensweisen hat mein Kind im zeitlichen Zusammenhang mit der Trennung/Scheidung entwickelt? Nehmen wir an, das Kind weint beim Abschied vom anderen Elternteil nach den Besuchswochenenden. Was will Ihr Kind mit diesem Verhalten erreichen, welche Absicht steckt unbewusst in der Handlung des Kindes? Will Ihr Kind den anderen Elternteil behalten? Der Problemzustand Ihres Kindes kann der Trennungsschmerz, der bei jedem Abschied neu entsteht, sein. Ein jüngeres Kind kann die Zeit zwischen zwei Besuchen beim abwesenden Elternteil noch nicht erfassen. Jeder Abschied ist endgültig – übrigens auch der von dem Elternteil, bei dem er lebt! Das Trennungsproblem ist für ein Kind, dessen Eltern getrennt leben, unvermeidbar. Ihre Entscheidung als Frau und Mann, also Ihre Entscheidung auf der Paarebene, ist ursächlich für das Problem Ihres Kindes. Weil Sie Ihr Kind lieben, suchen Sie nach einer Lösung. Ihr Ziel ist es, Ihrem Kind verständlich zu machen, dass es jederzeit die Liebe beider Elternteile hat, auch wenn es sie nur im Wechsel erleben kann.

Wenn Sie an diesem Punkt Ihrer Überlegungen angelangt sind, haben Sie aus dem auffälligen Verhalten Ihres Kindes das zugrunde liegende Problem erkannt und die Lösung geklärt. Der Grundraster für Ihre Geschichte ist fertig. Stellen Sie dann – wie auf den Seiten 140ff. beschrieben – Fragen zu den Bereichen „sich schlecht fühlen“ und „sich gut fühlen“ an Ihr Kind, und lassen Sie sich die Qualitäten der kindlichen Helfer beschreiben.

Dann rate ich Ihnen, Ihre Wanderschuhe anzuziehen und hinaus an die frische Luft zu gehen. Dort wird Ihnen Ihr Unterbewusstes Phantasien, Ideen, Metaphern schenken, die vielleicht ganz anders sind als meine.

Wie Sie Geschichten mit Ihrem Kind gemeinsam erfinden

Etwas älteren Kindern – etwa ab der Einschulung – macht es große Freude, selbst Geschichten zu erfinden. Ein Beispiel dafür ist das Märchen von Zippel, Zappel und Zuppel (siehe Seite 78ff.). Damit die Geschichte ihren hilfreichen, heilenden Zweck erfüllt, müssen Sie an drei entscheidenden Stellen die Führung beim Erzählen übernehmen, nämlich am Anfang, wenn Sie das bestehende Problem benennen, in der Mitte, um einen starken Helfer ins Spiel zu bringen, und am Ende, damit eine möglichst verdeckte Lösung garantiert wird. Beim Märchen von Zippel, Zappel und Zuppel war den Kindern das Problem, weshalb die Eltern sie zu mir geschickt hatten, bekannt. Sie waren durch den häufigen Wechsel von Bezugspersonen und Umgebung, den die gemeinsam praktizierte elterliche Sorge mit sich brachte, unkonzentriert, unruhig und nervös. Ich habe jedes Kind gebeten, sich in ein Tier zu verzaubern und diesem Tier die Eigenschaft „zappeln" zu geben. Dann habe ich alle drei munter erzählen lassen, gut zugehört und mir dabei eine passende Helferfigur einfallen lassen. Als den Kindern die Phantasie ausging, habe ich das Erzählen übernommen, vom Helfer berichtet und die Lösung herbeigeführt. Zum Schluss habe ich die Geschichte mit der Frage: „Und wie geht es Zippel, Zappel und Zuppel jetzt?" wieder an die Kinder übergeben. Unser Werk habe ich dann gekürzt aufgeschrieben und den Kindern beim nächsten Besuch vorgelesen. Sie waren mächtig stolz und haben zu dritt ein Bild dazu gemalt. Jetzt warten sie auf die Veröffentlichung dieses Buches.

Wie Sie Ihrem Kind sonst noch helfen können

Liebe Mutter, lieber Vater,

Sie haben sich entschieden, sich zu trennen. Zumindest einer von Ihnen hat gute Gründe dafür. Einerlei, ob Sie der aktive oder der passive Teil der Trennung sind, Sie haben erkannt, dass Ihr bisheriger Lebensplan gescheitert ist. Ihre Wünsche und Träume von einer glücklichen Familie, in der sich jeder wohl fühlt, sind zerstört. Viele Pläne und Investitionen waren umsonst. Es mag sein, dass Sie Wut und Trauer in sich fühlen, vielleicht auch Schuld und Scham. Diese Gefühle sind normal, Sie haben ein Recht darauf, so zu sein, während Sie sich von Ihren Hoffnungen verabschieden. Nur fordern Sie von sich nicht, dass Sie in der Zeit des Loslassens und der Neuorientierung stets eine gute Mutter, ein guter Vater für Ihr Kind sind. Vielleicht sind Sie reizbar und launisch und in Ihrem Inneren mehr mit anderem als mit den Bedürfnissen Ihres Kindes beschäftigt. Es hat keinen Sinn, wenn Sie sich in den Zeiten, die Sie mit Ihrem Kind gemeinsam verbringen, „beherrschen" und so tun, als ob die Trennung für Sie unbedeutend wäre. Ihr Kind kennt Sie sehr gut, denn Sie sind einer der beiden Menschen, von denen Leben und Überleben Ihres Kindes körperlich und seelisch abhängt. Also ist es richtig, dem Kind Ihre komplizierten und oft verworrenen Gefühle offen zu legen. Ihr Kind hat ein Recht auf Klarheit darüber, dass es nicht die Ursache Ihrer negativen Gefühle ist.

Nur, wie sagen Sie es Ihrem Kind? Ich kenne viele Eltern, die das so versuchen: „Mein Schätzchen, Mama und Papa haben sich getrennt. Wir lieben uns nicht mehr. Aber das hat nichts mit dir zu tun, dich lieben wir beide." Diese gut gemeinte Erklärung, die für uns Erwachsene stimmig ist, wird von Kindern häufig ganz anders aufgefasst. Line, sieben Jahre alt, sagt zu mir unter Tränen: „Jetzt liebt der Papa die Mama nicht mehr, und morgen liebt er mich nicht mehr." Erst nach der Pubertät können Kinder aus eigener Erfahrung die Liebe zwischen Mann und Frau von der Eltern-Kind-Liebe einigermaßen unterscheiden. Für jüngere Kinder gibt es nur eine Art der Liebe. Wenn die Liebe zwischen Mama und Papa kaputtgehen kann, dann droht die Gefahr, dass auch die Liebe zwischen dem Kind und Papa bzw. dem Kind und Mama enden kann. Noch mehr Angst macht einem Kind folgende Mitteilung: „Ich liebe deinen Papa nicht mehr, weil er das und jenes falsch und schlecht gemacht hat." Aus diesen Worten lernt ein Kind, dass Fehler zum Abbruch der Liebesbeziehung und damit zur Trennung führen. Kindsein heißt, täglich Fehler zu machen. Nach einer solchen Mitteilung wird das Kind sich bemühen, keine „Fehler" mehr zu machen. Dabei besteht die Gefahr, dass es sich zu einem braven, angepassten Menschen ohne Eigenmeinung entwickelt oder zu einem Angstneurotiker.

Weil Sie Ihrem Kind einen guten Start ins Leben geben wollen, müssen Sie versuchen, über die Trennung und Ihre Gefühle dabei in einer Art zu sprechen, die Ihr Kind versteht. Kinder aller Alterstufen kennen die Gefühle, die man hat, wenn Pläne scheitern. Wählen Sie dafür ein Beispiel aus dem Erfahrungsbereich Ihres Kindes. Anhand von drei Beispielen möchte ich Ihnen zeigen, was ich damit meine.

1. Für ein Kindergartenkind: Hans ist fünf Jahre alt. Er besucht vormittags den Kindergarten, während die Mutter mit der zweijährigen Schwester zu Hause ist. Hans ist ein leidenschaftlicher Baumeister. Er baut am Morgen, während die kleine Schwester noch schläft, im Kinderzimmer eine riesige Hochgarage und geht dann in den Kindergarten. Auf dem Heimweg freut er sich darauf, mit seinen Autos in der Garage zu spielen. Er öffnet die Kinderzimmertüre: Sein Bauwerk ist zerstört, die kleine Schwester tapst munter quakend darin herum. Hans stampft vor Wut auf, und dicke Tränen kullern über seine Backen.

Angenommen, Sie wären die Mutter von Hans, dann würde Hans Sie verstehen, wenn Sie ihm sagen: „Ich habe heute ein ‚Garagenbauergefühl', deshalb bin ich nicht so nett und fröhlich."

2. Für ein Schulkind: Agnes ist acht Jahre alt. Sie baut mit ihrem Freund Torsten im Urlaub an der Nordsee eine wunderschöne Sandburg. Als sie gerade einziehen wollen, kommt unerwartet eine riesige Welle und zerstört ihr Kunstwerk. Agnes beginnt sofort laut auf Torsten zu schimpfen: „Du fauler Trottel. Ich habe dir doch gesagt, du sollst die Mauern dicker machen!" Und Torsten brüllt zurück: „Dumme Kuh, wenn du auf mich gehört hättest, hätten wir die Burg viel weiter weg vom Wasser gebaut!" Der Vater sagt: „Aber Kinder, das war doch das unberechenbare Meer." Da beginnen Agnes und Torsten eine neue Burg weitab vom Wasser zu bauen.

Agnes versteht Ihre Gefühle, weil sie die Gefühle kennt. Sie hat sogar schon Erfahrung im Umgang mit ihren Gefühlen beim Scheitern eines Planes. Sie weiß, es hilft zumindest vorübergehend, die Schuld auf jemand anderen zu schieben. Was aber, wenn es ein Plan zu zweit ist, dazu führt, dass Streit entsteht. Auch dieses Problem hat Agnes beim Sandburgenbauen schon gelöst. Sie können mit ihr darüber sprechen, dass Sie genau wie Agnes damals am Meer planen, eine neue Burg zu bauen und aus den Erfahrungen des gescheiterten Burgbaus lernen.

3. Für ein zwölfjähriges Kind: Dieter ist ein Computerkind. Gerade hat er an seinem Bildschirm ein spannendes Spiel entwickelt, da holt ihn sein Freund zum Fußballturnier ab. Als er am Abend weiterspielen will, ist das Programm abgestürzt. Der Computer gibt unsinnige Zeichen von sich und schreibt immer wieder „Fehler, Fehler". Dieter tobt. Er beschuldigt seine Mutter, das Programm gelöscht zu haben, obwohl sie nichts von Computern versteht. Er flucht auf den Freund, der ihn zur Unzeit abgeholt hat, wettert gegen die Unzulänglichkeit der Technik und macht sich zuletzt – aber nur heimlich abends im Bett – selbst den Vorwurf, dass er ein so gutes, neues Spiel nicht gleich auf Diskette gespeichert hat. Dieter schämt sich für seine eigene Nachlässigkeit und denkt: „Da habe ich Lehrgeld bezahlt, das passiert mir nie wieder, ich speichere künftig meine genialen Ideen sofort!" Dann schläft er beruhigt ein.

Wenn Sie Dieter sagen, dass Sie sich wegen der Trennung von Dieters Vater ähnlich fühlen wie er am Abend, als sein Spiel zerstört war, wird er Sie verstehen.

Sie haben es nicht nötig, Ihrem Hans, Ihrer Agnes oder Ihrem Dieter als Grund dafür, dass Sie heute schon den zweiten Teller vom guten Geschirr zerschmissen haben, zu sagen: „Dein Vater zahlt wieder keinen Unterhalt!" oder: „Der Anwalt deiner Mutter hat einen unverschämten Brief geschrieben." Sie sagen: „Ich habe Garagenbauergefühle, das Meer hat meine Burg zerstört, mir ist mein Programm abgestürzt", und Ihr Kind weiß Bescheid.

Selbst wenn Sie der Überzeugung sind, dass ihre Partnerin/Ihr Partner die „Alleinschuld" am Scheitern der Beziehung hat und sich unmöglich verhält, ist das nicht der tiefere Grund für Ihre negativen Gefühle. Das eigentlich Schmerzliche ist das Scheitern Ihres Lebensplanes und die Not, sich neu orientieren zu müssen.

Hat ihr Kind auch einen Lebensplan? Ja, alle jüngeren Kinder wünschen sich, dass Mama und Papa friedlich nebeneinander auf dem Sofa sitzen und sich darüber freuen, wie das Kind spielt. Kleine Kinder nehmen eher Zank und Streit in

Kauf als den Verlust eines Elternteils. Der Gedanke: „Es ist für ein Kind schädlicher, mit anhaltendem Elternstreit zu leben, als ein Scheidungskind zu sein", ist kein Gedanke jüngerer Kinder. Zwar leiden Kinder unter den Elternstreitigkeiten und wünschen sich nichts sehnlicher als das Ende dieser Auseinandersetzung, aber ein Schlussstrich, bei dem ein Elternteil auszieht, ist für sie nur in Extremfällen vorstellbar. Einerlei, wie Mutter oder Vater sich verhalten, Kinder lieben beide und möchten beide behalten. Das ist der unbewusste „Lebensplan" jüngerer Kinder, ein Naturplan zur Selbsterhaltung.

Wenn Sie Ihre Partnerschaft auflösen, bleiben Sie doch weiterhin als Mutter und Vater dem natürlichen Bedürfnis Ihres Kindes, beide Eltern zu lieben und von beiden geliebt zu werden, verpflichtet. Ihr Kind hat nicht dazu beigetragen, dass sein Lebensplan zerstört wurde. Die Ursache seiner Verletzung liegt nicht auf der Eltern-Kind-Ebene, sondern auf der vom Kind unbeeinflussbaren Paarebene. Deshalb hat ein Kind ein Anrecht darauf, nicht in die Partnerschaftsprobleme hineingezogen zu werden. Ihre Schwierigkeiten mit dem Partner sind nicht die Schwierigkeiten des Kindes. Fast alle Leiden von Trennungs- und Scheidungskindern beruhen darauf, dass die Mutter oder der Vater oder beide es noch nicht geschafft haben, den Unterschied zwischen Eltern- und Paarebene zu machen. Zugegeben, es gibt in der Schule kein Unterrichtsfach „Wie verhalte ich mich bei der Trennung vom Vater/von der Mutter meiner Kinder?" Sie müssen also etwas neu lernen, und das in einer Zeit, in der Sie mit sich selbst und durch die Neuorientierung in Ihrem Leben eigentlich genug zu tun haben. Sie müssen die Unterscheidung von Paar- und Elternebene *jetzt sofort* lernen! Zum einen schulden Sie das Ihrem Kind, und zum anderen ersparen Sie sich damit langfristig Kummer und Ärger.

Wie handeln Sie „als Mutter" und „als Vater" bei einer Trennung bzw. Scheidung? Richten Sie Ihre Handlungen an den Bedürfnissen Ihres Kindes nach seiner Liebe zu beiden Eltern aus. Ihr Kind braucht Ihre Erlaubnis, den Menschen, von dem Sie sich mit guten Gründen trennen, zu lieben. Es braucht Gelegenheiten, in denen es im persönlichen Kontakt den nicht mehr im Haushalt lebenden Elternteil wahrnimmt und eine eigene Beziehung pflegt, um sich später eine persönliche Meinung zu bilden. Je jünger das Kind ist und je weiter weg der abwesende Elternteil lebt, desto mehr Hilfe braucht das Kind bei der Organisation von Begegnungen. Das erfordert Kommunikation mit dem anderen Elternteil. Sie werden lernen, als Mutter oder Vater über die Interessen Ihres gemeinsamen Kindes zu sprechen, weil Sie beide Ihr Kind lieben und weil Ihr Kind diesen Lernschritt von Ihnen erwarten kann. Ihr Kind wird in der Anfangszeit des Hin- und Herwechselns zwischen Mutter und Vater verstört reagieren. Es muss erst erfahren, dass es, während die Mutter da ist, den Vater nicht haben kann, und umgekehrt. Nach einiger Zeit weiß Ihr Kind, auf jeden Abschied folgt ein Wiedersehen. Ihr Kind wird in der Zeit der Verwirrung psychische und somatische Signale der Überforderung zeigen. Vielleicht wird es wieder ins Bett machen, vielleicht schlecht schlafen, Nägel kauen, übermäßig essen oder das Essen verweigern. Vielleicht können Sie keinen Schritt mehr alleine gehen, weil Ihr Kind Angst hat, auch Sie zu „verlieren".

Kinder, die aus Erwachsenensicht keinerlei Reaktionen auf die Trennung ihrer Eltern und damit die Zerstörung ihres Lebensplanes zeigen, sind krank. Ein solches Kind bemüht sich beispielsweise, den Schmerz der Eltern dadurch zu lindern, dass es brav und allezeit fröhlich ist. Es sorgt gut für die Mutter, den Vater oder im Wechsel für beide, indem es nicht nur zusätzlichen Kummer erspart, sondern auch die Stimmung der Erwachsenen durch seinen „Sonnenschein" zumindest vorübergehend aufhellt. Eltern in Trennung haben Mühe zu bemerken, dass das, was ihnen gut tut, dem Kind schadet. Das Kind verdrängt seine Gefühle von ohnmächtiger Wut und Traurigkeit. Nach dem Gesetz der Verdrängung sind diese Gefühle damit zwar im Augenblick nicht mehr spürbar, bleiben aber im Unbewussten erhalten und werden sich im späteren Leben so lange störend bemerkbar machen, bis das Kindertrauma in adäquater Form verarbeitet ist, was oft nur durch Therapie möglich wird. Bitte helfen Sie Ihrem Kind, seine wütenden und traurigen Gefühle während der Trennungserlebnisse zu zeigen. Holen Sie die Zuwendung, die Sie für Ihre Person brauchen, bei Freunden und Verwandten.

Sie fallen zurück in die Verstrickung der Paarebene, wenn Sie Ihren Partner/Ihrer Partnerin die Schuld an den Störungen des Kindes geben. Sprechen Sie lieber darüber, wie Sie Ihrem durch die Trennung überforderten Kind helfen können, und haben Sie Geduld. Wenn Ihr Kind kontinuierlich erlebt, dass es beide Eltern behält, beruhigt es sich. Es ist leichter, eine aus Überforderung entstandene psychosomatische Störung zu behandeln, als ein Kind ins Leben zu begleiten, das im Inneren eine „schlechte Mutter" oder einen „schlechten Vater" hat, weil der Elternteil, bei dem es aufwächst, es nicht schafft, die Paarebene von der Elternebene zu trennen. Ich habe Volker, acht Jahre, gefragt: „Deine Eltern scheiden sich, wer soll für dich sorgen?" Volker sagte: „Die sollen beide sorgen, ich habe meinen Papa lieb und meine Mama."

Zum Schluss lade ich Sie ein, sich zurückzulehnen und mit mir folgenden Gedanken nachzugehen: „Ja, es stimmt, alle Mütter und alle Väter machen Fehler ... weil sie Menschen sind. Ja, manche machen schwerere Fehler. Jeder neue Tag ist eine neue Chance, eine „gute Mutter", ein „guter Vater" für Ihr Kind zu sein. Lassen Sie Ihre Gedanken in die Vergangenheit wandern. Erinnern Sie sich an drei Ereignisse, bei denen Sie sich als „gute Mutter"/„guter Vater" erlebt haben. Wählen Sie die schönste Erinnerung aus, und erlauben Sie sich, Einzelheiten wiederaufleben zu lassen. Welche Jahreszeit, welches Wetter, welche Tageszeit war damals? Was hatten Sie an? Was trug Ihr Kind? War es eher eine ruhige oder eine bewegte Situation? In welchem Ton haben Sie miteinander gesprochen, falls Sie gesprochen haben? War es ein kühler oder ein warmer Tag? Lag ein bestimmter Geruch in der Luft, hatten Sie einen Geschmack auf der Zunge?

Holen Sie sich die volle sinnliche Repräsentation Ihrer guten Erinnerung ins Gedächtnis, und fühlen Sie sich wohl und zufrieden als „gute Mutter"/„guter Vater". Dann klopfen Sie sich anerkennend auf die Schulter und sagen sich: „Ja, ich tue mein Bestes, eine gute Mutter/ein guter Vater zu sein."

Lehnen Sie sich nochmals zurück, und erinnern Sie sich an drei Ereignisse, bei denen Sie den anderen Elternteil als „gut" erlebt haben. Es kann sein, dass Ihnen das schwer fällt. Lassen Sie sich Zeit, Sie werden drei solche Szenen finden und die schönste daraus wählen. Lassen Sie wiederum Ihre Erinnerung in alle Sinneskanäle strömen: Was sehen Sie in dieser Szene, was hören Sie, was spüren, riechen und schmecken Sie, wie fühlen Sie sich, wenn der andere Elternteil gut zu Ihrem gemeinsamen Kind ist? In Ihrer Vorstellung können Sie dem anderen jetzt anerkennend auf die Schulter klopfen. Spüren Sie: „Eltern lieben ihre Kinder, und Kinder lieben ihre Eltern."

Hilfreiche Literatur

Bruno Bettelheim, Kinder brauchen Märchen, DVA

Erik Rossi, Die therapeutischen Metaphern Milton Ericksons, Junfermann

David Gordon, Therapeutische Metaphern, Junfermann

C. & S. Lankton, Geschichten mit Zauberkraft, Leben lernen Heft 76, Pfeiffer

Genie Laborde, Kompetenz und Integrität, Junfermann

Peter Raba, Mit Geschichten heilen, Esotera

Nosrath Peseschkian, Der Kaufmann und der Papagei, S. Fischer

Helmuth Figdor, Kinder aus geschiedenen Ehen: zwischen Trauma und Hoffnung, Grünewald Verlag

John M. Haynes, Scheidung ohne Verlierer, Kösel

Dr. Gisela Maehler, Faire Scheidung durch Mediation, Gräfe u. Unzer

Bernhardt/Haase/Kloster-Harz/Tauche, Wir blieben Eltern trotz Scheidung, Nymphenburger

Nele Maar, Verena Ballhaus, Papa wohnt jetzt in der Heinrichstraße, Modus-Vivendi

Judith Wallenstein/Julia Lewis, Langzeitwirkung der elterlichen Ehescheidung auf Kinder, Fam RZ (Zeitschrift für das gesamte Familienrecht) 2001, 65 (Heft 2)

Brigitte Spangenberg/Ernst Spangenberg, Das Umgangsrecht der Großeltern, Fam RZ 2002, Heft 1, S. 48

Brigitte Spangenberg/Ernst Spangenberg, Geschwisterbindung, Fam RZ 2002

Geschichten und Fantasiereisen

Elke Fuhrmann-Wönkhaus
Spaziergang auf dem Regenbogen
Entspannungsgeschichten für kranke Kinder
Band 5120

Geschichten voller Ruhe und Kraft, die Kinder mit ihren inneren Heilkräften in Verbindung bringen.

Ulrike Petermann
Die Kapitän-Nemo-Geschichten
Geschichten gegen Angst und Stress
Band 4648

Mit Kapitän Nemo, der sie sicher durch Abenteuer und Gefahren leitet, gewinnen Kinder Mut, Sicherheit und Selbstvertrauen.

Brigitte und Ernst Spangenberg
Märchen gegen Kinderängste
Band 4974

Geschichten, die heilen – ein Buch voll psychologischer Kenntnis und märchenhafter Leichtigkeit.

Susanne Stöcklin-Meier
Kinder brauchen Geheimnisse
Über Zwerge, Engel und andere unsichtbare Freunde
Band 4948

Geschichten, Spielanregungen und Informationen, um Kindern Geborgenheit zu vermitteln.

Myron Wojtowytsch
Gutenachtgeschichten vom kleinen Bär
Band 4992

Diese Gutenachtgeschichten voller Fantasie und Spannung nehmen immer ein gutes Ende und helfen, den Tag unbeschwert abzuschließen. Für Kinder von 4 bis 8.

Zeit für Kinder

Etty Buzyn
Kinder brauchen Zeit
Eltern, verplant eure Kinder nicht!
Band 5301

Jedes Kind braucht Freiräume, in denen es aufatmen und seinen Träumen folgen darf.

Gisela Preuschoff/Andrea F. Cremer
Sturm und Stille
Mit Kindern Inseln der Ruhe schaffen
Band 5188

Schmökern, Träumen, Vorlesen: Ein Weg für Kinder, aus Ruhe und Harmonie neue Kraft zu tanken für die täglichen Herausforderungen.

Marie-Laurie Wieacker-Wolff
Mit Kindern philosophieren
Staunen – Fragen – Nachdenken
Band 5061

Die Autorin macht Eltern Mut, mit den Kindern den Dingen auf den Grund zu gehen.

Claudia Wulff
Mit Kindern die Geheimnisse der Nacht erkunden
Band 5130

Die Autorin verbindet das Wissen um natürliche Zusammenhänge mit der Achtung vor der Schöpfung. Geschichten und einfache Aktionen für Eltern und Kinder ab 5.

Eva Zoller
Die kleinen Philosophen
Vom Umgang mit „schwierigen" Kinderfragen
Band 4994

Typische Kinderfragen können einem häufig die Sprache verschlagen. Neue Möglichkeiten für die „Großen", ihren „Kleinen" zu begegnen.

Michael Rohr
Freiheit lassen – Grenzen setzen
Wie Eltern Sicherheit gewinnen und ihren Kindern Halt geben
Band 4618

Der kompetente Kinderarzt ermutigt Eltern, mit den Kindern zusammen das sensible Gleichgewicht zwischen Freiheit und Begrenzung immer wieder neu zu finden.

Christine Swientek
Was Adoptivkinder wissen sollten und wie man es ihnen sagen kann
Erweiterte Neuausgabe
Band 4706

Christine Swientek gibt praktische Hinweise, wie Eltern ihre Kinder aufklären und auf schwierige Fragen Antworten finden können.

Gabriele und Bertold Ulsamer
Spielregeln des Familienlebens
Anregungen nach dem Ansatz von Bert Hellinger
Band 4809

Ein Erziehungs- und Familienratgeber, der die tradierten Handlungsmuster hinterfragt und konsequent den „Ordnungen der Liebe“ Raum gibt.

Peter Veith
Jedes Kind braucht seinen Platz
Geschwister in der Familie
Band 4792

Alles über die Entwicklungsmöglichkeiten, Schwierigkeiten und Chancen geschwisterlichen Miteinanders.

Renate Zimmer
Was Kinder stark macht
Fähigkeiten entwickeln – Entwicklung fördern
Band 4976

Die Autorin zeigt, wie sich aus alltäglichen Aktivitäten mit Kindern im Vorschulalter Sinnes- und Bewegungsspiele machen lassen, die Kindern Spaß machen und weiterhelfen.